创业板公司上市前专利突击行为及其经济后果研究

Research on Pre-IPO Patents Surge of GEM
and its Economic Consequence

廖成赟　著

中国财经出版传媒集团

经济科学出版社
Economic Science Press

图书在版编目（CIP）数据

创业板公司上市前专利突击行为及其经济后果研究/
廖成赟著 . -- 北京：经济科学出版社，2022.8
ISBN 978 - 7 - 5218 - 3931 - 9

Ⅰ. ①创… Ⅱ. ①廖… Ⅲ. ①创业板市场 – 上市公司
– 经济行为 – 研究 – 中国 – 2009 – 2018 Ⅳ. ①F279.246

中国版本图书馆 CIP 数据核字（2022）第 148258 号

责任编辑：杨　洋　卢玥丞
责任校对：杨　海
责任印制：王世伟

创业板公司上市前专利突击行为及其经济后果研究
廖成赟　著
经济科学出版社出版、发行　新华书店经销
社址：北京市海淀区阜成路甲 28 号　邮编：100142
总编部电话：010 - 88191217　发行部电话：010 - 88191522
网址：www. esp. com. cn
电子邮箱：esp@ esp. com. cn
天猫网店：经济科学出版社旗舰店
网址：http：//jjkxcbs. tmall. com
北京季蜂印刷有限公司印装
710 × 1000　16 开　13 印张　200000 字
2022 年 11 月第 1 版　2022 年 11 月第 1 次印刷
ISBN 978 - 7 - 5218 - 3931 - 9　定价：50.00 元
（图书出现印装问题，本社负责调换。电话：010 - 88191510）
（版权所有　侵权必究　打击盗版　举报热线：010 - 88191661
QQ：2242791300　营销中心电话：010 - 88191537
电子邮箱：dbts@ esp. com. cn）

感谢 安徽财经大学 资助
安徽省社会科学院

前　言

　　创新已成为引领中国经济增长的新引擎，是推动社会进步和人类发展的重要力量。近年来，随着我国创新驱动发展战略的实施，我国专利申请数量和授权数量呈现爆炸式增长。2011 年，我国专利申请数量跃居世界第一，扭转了西方国家在专利数量方面的领先格局。然而，我国还不是真正意义上的知识产权强国，高价值专利占比不高，能否实现从专利数量增长到专利质量提升的转化决定了我国创新型国家建设是否成功。现有研究发现，受到产业政策、专利激励政策、卖空压力及高新技术企业资质评定等因素的影响，企业短时间内申请了大量生产应用价值低的专利，导致专利数量快速增长而专利质量显著下降，形成策略性的企业创新行为。然而，尚未有文献考察企业上市进程中的策略性创新行为及其表现。

　　股票市场是高新技术企业的重要融资平台，而其中创业板自诞生以来就致力于服务创新型成长企业。然而，由于制度设计不完善，创业板历史上业绩"变脸"、高管离职套现、"专利门"现象层出不穷，成为投机资本攫取利益的印钞机。因此，我国政府高度重视创业板市场改革和基础制度的完善。2020 年 4 月 27 日，中央全面深化改革委员会会议通过《创业板改革并试点注册制总体实施方案》，推行创业板改革并试点注册制。相对主板来说，创新性是创业板企业的根本属性之一，发审委在审查企业申报材料时会更加注重企业技术能力和研发持续性的考察；同时，我国创业板公司上市文件明确规定了招股说明书中自主创新能力的披露要求和保荐人责任。而专利作为衡量创新产出的重要指标可以向发审委委员传递企业创新能力的信号。上市资源的稀缺性和创业板对专利的重视均会推动创业板公司在上市前突击申请专利。

加速化陷阱理论认为企业过度研发虽然会帮助企业推出新产品，实现销售收入的上升，但产品速度更新过快和专利质量良莠不齐会透支消费者的购买力和企业研发能力，导致研发投入往往高于企业获取的利润，对公司业绩产生负面影响。那么，创业板公司上市前专利突击行为会对专利质量和上市后的经营业绩产生怎样的影响？进一步地，公司突击申请的专利是否会影响投资者对公司价值的判断，损害投资者的利益？本书对上述问题的考察具有重要的理论和现实意义。

鉴于此，本书以 2009～2018 年创业板上市公司为研究对象，考察了企业在上市前的专利突击行为，并分析了这一行为对专利质量和上市后经营业绩的影响。研究发现：第一，创业板公司上市前存在明显的专利突击现象，具体表现为专利申请数量在上市前激增，在上市后增长停滞，相较于发明专利，非发明专利的突击现象更明显；第二，创业板公司的专利突击行为降低了企业上市前的专利质量；第三，2014 年证监会规定创业板上市公司不得在招股说明书中披露已申请但未经授权的专利，这一规定改变了公司专利申请策略，专利突击申请时间前移，上市前已申请但未授权的专利占比降低；第四，相较于专利突击保守组公司，专利突击激进组公司的长期经营业绩更差，投资这类公司获得的长期股票回报更低；第五，创业板公司的研发投入并不存在上市前激增，上市后增长停滞的现象。这进一步说明企业临近上市前专利申请数量激增现象更可能是企业的一种策略性行为，而非企业正常申请专利的结果；第六，本书发现在无产业政策支持、市场环境更差、同侪压力更大的时候，创业板公司上市前专利突击现象更明显。最后，本书还考察了科创板是否存在类似创业板公司的专利突击行为，研究发现科创板公司在上市前表现为发明专利与非发明专利协同增长，不存在利用非发明专利进行上市前专利突击的现象。

本书共包括 7 章，各章的主要内容如下。

第 1 章主要介绍本书的研究背景、研究内容及结构安排，提炼研究的理论和实践意义，并指出本书可能的创新贡献。

第 2 章文献回顾部分梳理了金融市场与企业创新、企业上市与盈余管理、研发操纵与策略性创新、专利与企业绩效关系的相关文献，并评析了现有研究的局限性；在理论分析部分，基于信号传递理论和委托代理理论分析了企业上市前专利突击行为的背后逻辑。最后，基于专利竞争优势理论和加速化陷阱理论发现，申请过多的非发明专利可能导致企业陷入加速化陷阱，从而对经营绩效产生负面影响。

第3章从我国专利制度与发展概况、股票发行制度变迁、创业板发展与科创板开板、上市前专利突击典型案例四个方面进行介绍。首先，在我国创新激励政策的引导下，近年来我国专利数量急剧上升，但是存在"量大质低""低端锁定"的隐忧。其次，在我国核准制为主的股票发行制度下，上市资源受到政府管制，上市资源极度稀缺，企业具有强烈的上市动机。再次，与主板和中小板不同，创业板自诞生以来就致力于解决我国高新技术企业的融资约束问题，决定了专利等创新性指标是创业板发审委审核拟上市公司的重要标准。创业板成立后出现"专利门"事件和高发行价、高市盈率、高超募金额等"三高"乱象，公司上市后业绩频频变脸，创业板制度亟须改革完善。科创板在吸取既往经验的基础上首次试行注册制，表现出较好的科创属性。最后，本章选取了典型案例分析企业专利突击申请行为对上市后经营业绩的影响。

第4章实证检验了创业板公司上市对专利申请数量的影响，在我国上市资源稀缺和创业板重视拟上市公司创新能力审核的背景下，企业在上市前会通过申请更多数量的专利传递自身高创新能力的信号。本章研究发现：第一，创业板公司上市前会突击申请更多数量的专利，相较于发明专利，由于非发明专利申请程序简单、授权时间更短，这类专利的突击现象更加明显；第二，企业上市前的研发投入并未表现出与专利的同步增长，进一步说明企业上市前突击申请的专利缺乏资金基础，是企业策略性申请的产物；第三，2014年证监会规定创业板拟上市公司不得在招股说明书中披露已申请但未经授权的专利，这一规定改变了公司专利申请策略，使得专利突击时间前移，上市前已申请但未经授权的专利占比降低；第四，在无产业政策、市场环境较差和同侪压力较大的情况下，创业板公司上市前专利突击申请现象更明显；第五，与创业板公司不同，科创板公司在上市前的发明专利与非发明专利协同增长，科创板公司不存在利用非发明专利进行专利突击的行为。

第5章实证检验了创业板公司上市前专利突击行为对专利质量的影响，由于专利质量的信息解读成本较高，专利数量成为直观可量化的衡量企业创新能力的信号，这使得企业通过"重数量、轻质量"的专利申请策略实现上市目标成为可能。本章研究发现：第一，创业板公司在临近上市前申请的专利质量显著下降，具体表现为专利价值度与专利被引用数量明显降低；第二，相比发明专利，非发明专利的质量下降幅度更大；第三，在无产业政策、市场环境较差和同侪压力较大的情况下，企业上市前申请的专利质量下降幅度更大。

第6章实证检验了创业板公司专利突击行为对上市后经营绩效的影响，基于市场动机申请的专利可以促进企业绩效的增长，但是非市场动机下的策略性创新会导致企业利润和市场价值减少。本章研究发现：第一，相比专利突击申请保守组公司，专利突击申请激进组公司在上市后长期经营业绩更差；第二，相比有产业政策支持的公司，上市前专利突击对没有产业政策支持的公司长期业绩的影响更明显；第三，相比市场环境较好的公司，上市前专利突击对市场环境较差的公司长期业绩的影响更明显；第四，同年度上市企业申请的专利越多，同侪压力越大，上市前专利突击对企业长期业绩的影响更大；第五，相比专利突击保守组公司，专利突击激进组公司上市后的长期市场表现更差，会降低购买了上市前专利突击的公司股票投资者的收益。

第7章在总结主要研究结论后，引出本书的理论贡献和研究局限，指出后续的研究方向，并给出了相关启示。

本书可能的创新和贡献如下：第一，现有研究发现企业上市会通过缓解融资约束等渠道影响企业上市后的创新能力。与以往文献不同，本书考察了企业上市前的专利申请策略，发现为了传递高创新能力信号，企业在上市前突击申请专利，并检验了这一行为的经济后果，对以往文献进行了补充。第二，现有文献表明，创新激励政策、产业政策、卖空压力和高新技术企业资质是导致企业策略性创新的重要因素。本书基于我国上市资源稀缺的现实背景，实证发现上市也是推动我国创业板公司策略性创新的重要原因之一。第三，已有文献发现企业为取得上市资格并获得较高的发行价格而实施了盈余管理行为。本书研究发现创业板公司除了有强烈动机对财务信息进行包装外，还对非财务信息如研发专利进行了粉饰，其目的也是为了顺利上市并获得较高发行价格。第四，本书考察了 2014 年证监会修改创业板招股说明书披露准则的政策效应，为完善创业板上市监管体系建言献策。第五，本书发现科创板试行注册制后有效地抑制了企业策略性专利申请行为，这对进一步完善上市披露规则和审核制度，提升资本市场对企业创新的支持作用，充分发挥企业创新对经济的促进作用，具有一定的启示意义。

目 录

Contents

第1章

绪　　论

1.1　研究背景

　　"创新是引领发展的第一动力，抓创新就是抓发展，谋创新就是谋未来。"习近平总书记多次强调深入实施创新驱动发展战略，推进以科技创新为核心的全面创新，充分发挥创新在经济发展中的重要作用[①]。我国一向重视科技创新建设，历代领导集体在探索符合中国国情的科技发展道路中均有方向性的指引和论断。2011 年，我国超越美国和日本成为世界上专利申请数量最多的国家[②]。2019 年，中国共申请国际专利（Patent Cooperation Treaty，PCT）58990 件[③]，超过美国的 57840 件，成为世界第一，其中，华为技术有限公司递交了 4411 件 PCT 专利申请，成为国际专利申请数最多的企业[④]。然而，我国目前只能称为创新大国，还不能称为创新强国，创新能力

---

　　① 习近平的两会时间（四）："创新是引领发展的第一动力"［EB/OL］. 新华网，2015 – 03 – 06.

　　② Global IP Filings Continue to Grow, China Tops Global Patent Filings（全球知识产权申请继续增长，中国居全球专利申请首位）. 资料来源：世界知识产权组织官网，2012 – 07 – 26.

　　③ PCT 是《专利合作条约》（Patent Cooperation Treaty）的英文缩写，是有关专利的国际条约。根据 PCT 的规定，专利申请人可以通过 PCT 途径递交国际专利申请，向多个国家申请专利。

　　④ China Becomes Top Filer of International Patents in 2019 Amid Robust Growth for WIPO's IP Services, Treaties and Finances（2019 年，随着 WIPO 知识产权服务、条约和资金的强劲增长，中国成为国际专利的最大申报国）. 资料来源：世界知识产权组织官网，2020 – 03 – 07.

不强已成为我国经济发展的"阿喀琉斯之踵"①。2018 年的"中兴事件"②及 2020 年的"华为禁令"③，让我们深刻意识到实施创新驱动战略迫在眉睫，必须及早让经济发展转入创新驱动轨道，更好地释放科技创新推动社会进步的潜力。

由于技术研发本身的长周期、高风险、难估值等原因，企业研发活动面临严重的融资约束。高科技企业风险高且缺少抵押品，难以通过银行贷款等债务融资方式筹集资金，因此，上市对缓解科技创新型企业的融资约束问题具有重要意义。我国政府历来十分重视股票市场对高科技企业的融资支持作用。2009 年 10 月 30 日，创业板市场在深圳证券交易所正式启动。2019 年 7 月 22 日，科创板市场在上海证券交易所正式上市并试行注册制④。2019 年 12 月 28 日，《中华人民共和国证券法》（以下简称《证券法》）由全国人民代表大会常务委员会修订发布，决定全面推行注册制⑤。2020 年 4 月 27 日，中央全面深化改革委员会会议通过创业板改革并试点注册制的决议，着力推进创业板在发行、上市、信息披露等环节的基础性制度改革⑥。2020 年 8 月 24 日，创业板全面实施注册制，逐步实现退市机制常态化。中国资本市场形成各有侧重、相互补充的适度竞争格局，股票市场在高新技术企业的融资渠道中扮演着越来越重要的角色。

稀缺的上市资源是否配置到最具创新力的企业，对实现我国产业转型升级和建设创新型国家至关重要。创业板成立的初衷是解决创新型成长企业的

---

① 内蒙古自治区中国特色社会主义理论体系研究中心. 习近平：创新能力不强是我国发展的"阿喀琉斯之踵" [N]. 内蒙古日报，2016 - 07 - 06.

② 2018 年 4 月 16 日晚，美国商务部公告称，美国政府在未来 7 年内禁止美国企业向中兴通讯提供敏感产品。经过两国政府沟通，中兴向美国支付 4 亿美元保证金之后，禁令在同年 7 月 12 日解除。

③ 2020 年 5 月 15 日晚，美国商务部宣布了对于华为及其附属公司新的出口管制措施，根据新规，华为及其关联公司将不能使用美国的软件和技术设计芯片，也不能利用美国的设备来生产芯片。根据华为最新财务报告，华为 2020 年第四季度收入下降 11%，华为手机全球市场份额跌至第 6，美国制裁的影响开始显现。

④ 资料来源：《中华人民共和国证券法（2019 修订）》。

⑤ 《中华人民共和国证券法》修订点评：资本市场改革深化 全面推行注册制 [EB/OL]. 新浪财经，2020 - 01 - 03.

⑥ 习近平主持召开中央全面深化改革委员会第十三次会议强调：深化改革健全制度完善治理体系 善于运用制度优势应对风险挑战冲击 [EB/OL]. 中国政府网，2020 - 04 - 27.

融资约束问题。然而，创业板市场在实际运行中却乱象频出，如业绩变脸、高管离职套现、"专利门"① 等现象层出不穷，严重背离了创业板的计划发展轨道和服务宗旨（吴晓求，2011；逯东等，2015）。2010 年 3 月 19 日，苏州恒久（30060）因为在招股说明书中披露的几项核心专利被终止而被监管部门暂停上市，成为创业板开板以来第一次因为深陷"专利门"而被暂停上市的企业（敖晓波，2010）。新大新材（300080）、松德包装（300173）、瑞丰高材（300243）也因为专利侵权被同行举报而暂停上市。专利信息披露引发的"专利门"事件，引起了监管部门的重视。2010 年 4 月，证监会下发通知要求梳理所有拟上市公司的基础信息，并于 2014 年 6 月出台新的管理规定②，要求拟上市公司从过去在招股说明书中披露所有的专利信息转变为仅披露已授权的专利信息，已申请但未授权的专利信息不再允许披露在招股说明书中。

与"专利门"事件相对应的是，近年来我国专利申请数量和授权数量均迅速增长（见图 1.1）。专利制度的完善，加入世贸组织后与国际接轨的需要，都客观上激发了我国专利数量的增长（詹爱岚和翟青，2013；谭龙等，2018）。然而，现有研究发现为了获取政府创新奖励补贴等原因，企业在短时间内会申请大量低质量、低价值专利，造成了严重的"策略性创新"现象（安同良等，2009；黎文靖和郑曼妮，2016；毛昊等，2018；张杰和郑文平，2018；陈强远等，2020）。安同良等（2009）通过建立企业与政府补贴制定者的博弈模型，发现企业会通过向政府发送虚假创新信号以获取研发补贴。黎文靖和郑曼妮（2016）通过考察沪深 A 股上市公司 2001～2010 年的专利数据后，发现产业政策激励受支持企业申请了更多的非发明专利，但是代表实质性创新的发明专利数量并未增加。毛昊等（2018）认为政府专利激励政策诱发企业生产更多的实用新型专利，形成"专利丛林"，使我国陷入实用新型专利使用陷阱。张杰和郑文平（2018）则认为省级专利资助奖励政策降低了企业实用新型专利和外观设计专利的申请质量。陈强远等（2020）利用机器学习方法，证明创新激励政策对创新质量影响不显著。除政府创新

---

① 指苏州恒久（300060）、新大新材（300080）等公司因专利信息披露不实、专利侵权等事件被证监会终止 IPO 进程。

② 资料来源：《关于修改〈关于加强上市证券公司监管的规定〉的决定》。

奖励政策可能扭曲企业专利申请行为、降低专利质量外，获取高新技术企业资质以享受政府给予的税收优惠和财政补贴，也可能促使企业为达到高新技术企业资格而操纵研发投入，大量申请低价值专利（杨国超等，2017；杨记军等，2018；万源星和许永斌，2019；王兰芳等，2019；杨国超和芮萌，2020）。此外，卖空压力等其他制度压力也引发了企业大量申请低质量专利（谭小芬和钱佳琪，2020）。创新性是创业板的主要特征，作为创新性的衡量指标之一，专利成为企业上市审核考察过程中的重要关注点之一（张艳伟，2011）。同时，《创业板上市管理办法》明确规定了企业研发的披露要求和保荐机构对企业成长性的核查责任。既有研究已经证实企业存在非生产性动机的策略性创新行为，那么，面临上市资源的稀缺性和创业板发审委对专利考核的重视，创业板公司是否会在首次发行上市前策略性地突击①申请专利呢？

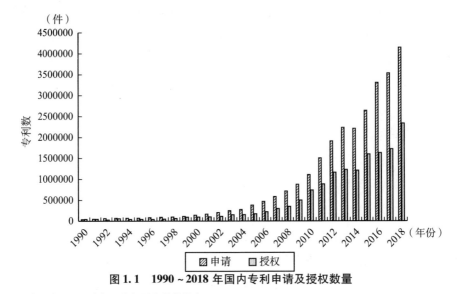

图 1.1　1990～2018 年国内专利申请及授权数量

资料来源：国家知识产权局专利数据库。

---

　　①　关于本书选用专利突击一词的说明。本书曾就专利突击和专利操纵两个词组间进行权衡。经过查阅相关资料，百度百科对突击的解释是：突击常用在军事或者突然处理某件事情上，例如军队进攻时集中兵力、火力对敌人进行急速而猛烈的打击。还有所谓集中力量、加快速度、在短时期内完成任务之意。显然，本书使用最后一个解释。由于百度百科没有操纵的释义，查询辞海之家网站，《辞书》对此释义中包含以下描述：操纵自有其消极意义，因为操纵者和受操纵者是同样的人，在道义上没有人可以操纵别人。相比之下，专利突击的词义和词性更适合本书。因此，本书选择专利突击，以描述创业板公司上市前突击申请专利的行为现象。

　　进一步地，传统理论认为，专利作为异质性资源，可以为企业带来竞争优势和超额利润（Barney，1991；Mansury and Love，2008）。但是，西方发达国家的经验证据表明，在某些情况下，专利不能提升企业的竞争优势和经营绩效，反而导致利润产出远低于研发投入，形成专利的加速化陷阱。加速化陷阱理论首先由德国学者冯·布朗（Von Braun，1990）提出，他通过分析和考察 1978～1990 年日本、北美和欧洲 30 家最大电气公司销售额、研发费用和利润额，发现其 13 年间净利润不及研发投入的一半，净利润为 226 亿美元，研发投入高达 466 亿美元。研发费用高于利润的现象并不是一直存在，20 世纪 70 年代～80 年代初期，这些电气公司还有利可图，当日本和欧洲公司掀起学习赶超美国公司的狂潮，并开始大量研发专利后，企业渐渐陷入了加速化陷阱。布朗（Braun，1990）的研究基于西方制度背景，选择的样本企业均是世界知名的大型电气公司。那么，该结论是否适用中国企业，尤其是我国新创高科技公司呢？张波涛等（2008）对 1999～2005 年期间中国 111 家制造业上市公司的专利产出与企业绩效进行检验，发现专利产出与主营业务收入、主营业务利润之间存在倒"U"型关系，证明我国专利研发中存在"加速化陷阱"。进一步地，徐欣和唐清泉（2012）证明了"加速化陷阱"存在于我国部分行业（石油化学和橡胶塑料业、电子业、采掘业）。毛昊等（2018）、申宇等（2018）与张杰等（2016）证明了我国的专利激励政策导致了"加速化陷阱"，专利申请数量策略性增长，但专利申请质量下降，未能带动经济增长（程玲等，2019）。那么，创业板企业上市前的专利突击行为又会对上市后的企业经营业绩产生怎样的影响呢？

　　基于上述分析，本书拟以企业创新为视角，以创业板上市为逻辑起点，以产业政策、市场环境、同侪压力为不同场景，系统研究不同情境下创业板公司上市前专利申请行为的策略性选择及其表现，以揭示基于创新信号的创业板公司创新行为、决策动机及其解决路径。

1.2 研究意义

本书主要研究创业板公司上市前的专利突击行为，并检验专利突击行为对专利质量和上市后长期经营业绩的影响。为了能够顺利通过发审委审核，同时向市场和投资者传递企业创新能力信号，发行人会在上市前突击申请专利并操纵专利产出，以顺利达成上市目标。企业的策略性创新行为，导致专利质量下降，损害了企业长期价值和投资者权益。对上述问题的考察具有重要的理论价值和现实意义。

1.2.1 理论意义

本书具有较为重要的学术研究意义，主要体现在以下三个方面：

第一，现有文献研究主要聚焦于首次公开发行（Initial Public Offerings，IPO）对企业上市后的创新决策影响（Bernstein，2015；张劲帆等，2017；李云鹤等，2018），发现上市能够为企业带来更多资金，缓解创新决策的融资约束，进而促进了企业研发，研究时点在企业成功上市后。本书基于我国IPO资源稀缺的制度背景发现，由于创业板发审委在上市审核时更注重专利等创新指标的考察，为实现顺利上市目标，企业会在上市前进行专利突击行为，研究时点聚焦于企业上市前的创新决策，从而拓展了企业上市和公司创新之间的研究时段。

第二，近年来，考察非市场化动机下企业策略性创新的文献日渐增多。学者们从政府专利资助政策（安同良等，2009；黎文靖和郑曼妮，2016；张杰和郑文平，2018；陈强远等，2020）、高新技术企业资质（杨国超等，2017；万源星和许永斌，2019；杨国超和芮萌，2020）等方面研究了企业的策略性创新行为。本书研究发现了企业策略性创新的另一种动机，即创业板公司为了实现成功上市的目标，会在上市前进行专利突击申请行为，向发审委传递企业高创新能力的信号，以获取稀缺的上市资源，从而补充了策略性创新的相关文献。

第三，从我国制度背景出发，结合产业政策、市场环境和同侪压力等元素，探究不同情形下创业板公司在上市前专利突击行为的差异。通过实证检验，本书发现不同的产业政策、市场环境和同侪压力会导致企业不同程度的专利突击行为，以及专利质量和企业长期绩效不同幅度的下降。这有助于我们更深刻地认识不同外部环境下微观企业主体的行为表现差异及其经济后果。

1.2.2 实践意义

我国正处于资本市场改革与注册制全面施行的关键时期，信息披露是资本市场改革成败的重要环节之一，更好的专利信息披露有利于发审委与投资者甄选高创新能力企业，提升股票市场的资源配置效率。因此，本书具体考察了创业板公司上市前的专利突击行为，并分析了这一行为对专利质量和上市后经营绩效的影响，具有较大的实践意义，主要体现在以下三点：

第一，科学研究要着眼长远，不能急功近利，欲速则不达。企业创新是"马拉松"，不是"百米跑"，以上市为目的的专利突击申请行为使企业陷入"加速化陷阱"，降低了专利质量和上市后的长期经营业绩，说明专利突击申请行为对公司未来业绩滑坡有一定的预警作用，发审委在选择上市公司、投资者在选择股票时需要高度关注专利突击，尤其是非发明专利突击严重的公司。

第二，有助于提升企业的整体专利质量，由专利大国向专利强国迈进，进一步发挥专利在经济高质量发展中的促进作用。创业板上市、政府专利资助奖励政策和高新技术资格评定等非市场化动机扭曲了专利本身的目标和职能，诱导企业进行了大量的策略性创新。相关部门在未来的专利资助、资格评定和上市审核中，既要抓专利数量，更要抓专利质量，实现从"重数量"到"重质量"的转变。国家知识产权局和证监会等部门需要建立联合查询平台，引入科学的专利评估体系和机构，增进高质量高价值专利在国民经济建设中的创新引领作用。

第三，有助于我国当前正在实施的创业板改革、科创板建设和注册制实施。2020 年 4 月 27 日，中央全面深化改革委员会第十三次会议推进创业板改革并试点注册制。本书发现科创板公司上市前的发明专利与非发明专利稳定协同增长，不存在利用非发明专利进行专利突击的现象。科创板在个别制度建设上走在创业板前面，为创业板进一步深化改革提供了借鉴参考。创业板改革是完善资本市场基础制度功能的国家战略安排。解决创业板公司的信息披露问题特别是专利等无形资产的披露问题，有利于完善创业板制度，形成多板块错位发展、各有侧重、互相补充的良好局面，有利于进一步强化资本市场的资源配置功能，促进我国企业技术创新能力的提升。

1.3　研究内容及结构安排

1.3.1　研究内容

本书选用企业改制后上市前为研究时段，以专利对企业不同的价值作用为研究视角，以企业上市前专利的信号传递为逻辑起点，研究了不同经济环境下企业上市前申请专利的策略，发现上市前申请专利的数量、质量变化及其对上市后企业绩效的影响。本书主要内容的逻辑框架如图 1.2 所示。

1. 企业上市对上市前专利申请数量的影响

本书内容一：研究了企业上市对创业板公司上市前申请专利数量的影响。一方面，创业板公司面临较为严重的融资约束，内部资金无法满足进一步研发创新的需要；同时，创业板公司通常是初创高新技术企业，固定资产较少而很难获得银行信贷资金的支持。另一方面，新成立公司的财务业绩通常无法满足主板上市要求。因此，创业板成为初创高新技术企业融资的最佳平台。能否在创业板成功上市，成为高新技术企业生存和发展的分水岭（徐欣等，2016）。

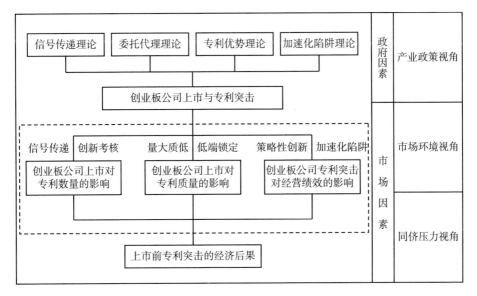

图 1.2　逻辑框架

专利是企业创新的主要形式之一，也是衡量创业板公司成长性的重要考察指标。专利数量和专利质量都可以作为企业创新的观测指标。专利数量越多，或者专利质量越高，都代表企业更高的创新水平，也意味着创业板公司更强的竞争优势和成长性。然而，相对专利质量而言，专利数量更为直观，主要是因为专利质量的衡量标准较多，并且非专业人士通常难以洞察专业性较强的专利质量（李晓霞等，2019）。因此，专利数量成为表征创新能力的常用指标。公司专利数量越多，可能会获得更多的风险投资（Conti et al.，2013；Haeussler et al.，2014）、更多的政府补助（张杰等，2016）、获得高新资质认定（杨国超等，2017；杨记军等，2018）。基于同样的原理，创业板公司上市前可能会选择专利数量而不是专利质量传递企业创新能力信号。

我国专利制度规定了专利的三种类型，分别为发明专利、实用新型专利和外观设计专利。相对而言，发明专利的创新要求最高、程序更复杂、授权时间更长。因此，在限定资源和时间的情况下，申请非发明专利能够达到快速增加专利总量的目标。所以，创业板公司上市前会选择专利数量而不是专利质量传递创新能力信号。

2. 企业上市对上市前申请专利质量的影响

本书内容二：继续考察创业板公司上市前专利突击对专利质量的影响。如前所述，创业板公司为了实现顺利上市目标，选择专利数量而不是专利质量传递企业创新能力信号，因而会申请更多的非发明专利。根据我国专利制度，发明专利对创新性的要求较高，审查环节包含实质性审查在内的更多程序，反映了更高的专利质量。发明专利的专利质量高于实用新型专利和外观设计专利。李诗等（2012）、刘督等（2016）均发现，我国发明专利的价值大于其他两种类型专利的价值。上市前，发行人基于顺利上市目的申请了更多的非发明专利，而非发明专利的质量相对较低，可能会引起整体专利质量的下滑。所以，本书认为，创业板公司上市前的专利突击行为，引起专利质量的显著下滑，并从专利价值度和专利引用数量两个方面进行了实证验证。

3. 上市前专利突击对公司上市后绩效的影响

本书的内容三：分别从全要素生产率和利润指标等视角，检验了创业板公司上市前专利突击对上市后经营绩效的影响。专利是促进企业和国家经济增长的有效途径，这已经成为共识。但是，现有研究发现，非市场动机下策略性创新申请的专利，对经济增长没有贡献，反而因为占用企业资源导致经济负向增长（程玲等，2019）。发明专利作为实质性创新，更能发挥经济发展的促进作用（黎文靖和郑曼妮，2016）。创业板公司为了实现上市目标，会突击申请更多非发明专利。非发明专利在专利追赶阶段可以对经济有一定促进，但在进入高收入阶段后，非发明专利对经济发展的阻碍作用更加明显（毛昊等，2018）。因此，专利突击带来的更多非发明专利，属于一种策略性创新行为，会导致企业的长期绩效变差（程玲等，2019）。

1.3.2 结构安排

本书的结构安排如图 1.3 所示。

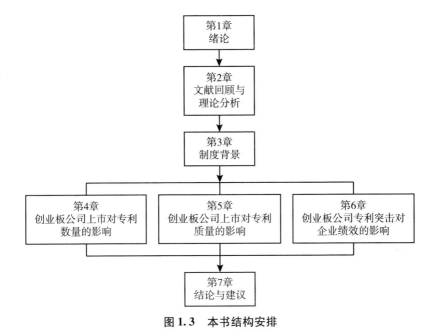

图 1.3　本书结构安排

1.4　研究创新

本书可能的创新主要体现在以下三个方面：

第一，探究创业板公司上市前专利数量和质量的变化及其背后的动因，补充了企业策略性创新的研究文献。本书发现在创业板上市审查相对重视企业专利创新的背景下，拟上市企业为了向发审委委员和外部投资者传递企业创新能力强的信号，大量申请非发明专利，导致专利质量大幅降低。本书按照"上市动机→创新信号→专利数量→专利质量→经营绩效"的逻辑主线，系统研究企业策略性创新行为与企业经营绩效的内在联系，有利于解释企业研发操纵与经济后果之间的逻辑联系，补充了企业策略性创新的相关文献。

第二，考察创业板公司上市前的策略性创新行为及其影响，拓展了上市影响企业创新的相关文献。虽然现有文献发现上市缓解了企业融资约束，改变了企业上市后的专利申请行为，但较少文献探讨企业为获取上市资格是否会改变上市前的专利申请行为。同时，既往文献研究了上市后专利申请数量的变化对企业经营绩效的影响，本书将专利的申请时间延伸到上市前，并检验了专利申请行为对投资者权益的影响。

第三，发现创业板公司上市前专利突击的动机、行为表现和经济后果都与盈余管理高度类似，延展了企业粉饰信息在非财务方面的研究。既往文献发现企业在上市前通过包装其财务信息实施盈余管理行为，目的是为了取得上市资格并获得较好发行价格，企业通过改变报表利润、操控生产经营等方式进行盈余管理。企业上市前的盈余管理行为导致上市后的业绩显著降低。类似地，创业板公司通过改变专利申请时间等方式，在上市前突击申请专利，其目的是为了传递研发能力信号获得稀缺上市资源及较高发行价格，同样的，上市前专利突击导致企业上市后长期绩效下降。

第2章

文献回顾与理论分析

2.1 文献回顾

2.1.1 金融发展与企业创新

在理想的资本市场状态下，企业价值不会受自身资本结构的影响（Modigliani and Miler，1958）。不管采用内源性融资还是外源性融资，企业投资行为都不会影响企业价值。然而在现实中，理想模型因为代理问题（Jensen and Meckling，1976）和信息不对称（Fazzari et al.，1988）而不可能存在，因此当企业选择外源性融资时，市场总存在摩擦和壁垒，形成制约企业发展的融资约束（Himmellerg and Petersen，1994；Hall and Lerner，2010；余明桂等，2019）。

相较于其他的企业投资来说，创新具有更为严重的融资约束问题（Hall and Lerner，2010；Guo et al.，2019）。一方面，这是由于创新活动自身具有的长周期性、高风险性、高不确定性和外部性所决定的（Holmstrom，1989；King and Levine，1993）。另一方面，专利、商标等无形资产的价值，很难准确的计量，无形资产减值和研发费用的盈余管理，会进一步加剧研发产出的不确定性。银行贷款通常偏爱重资产或者有抵押的项目，新兴企业产权更多集中于专利等无形资产上，易面临较为严重的信贷歧视（Guo et al.，2019）。进一步地，人力资本在无形资产研发过程中比创新产出具有更重要的影响，技术人员报酬往往占研发投入的50%以上，在漫长的研发过程中，技术人员的离职加剧研发创新的不确定性（Hall and Lerner，2010）。

法扎里等（Fazzari et al.，1988）最早提出融资约束理论，他们认为在外部资本市场不完善的情况下，企业内外部融资的成本差异过大，致使研发投资更多依赖于企业内部资金，并低于最优水平。马光荣等（2014）运用世界银行调查数据证实了企业融资约束的存在，他们发现获得银行授信能够保障企业投入持续稳定的资金并用于研发创新，企业研发概率可以提高8.6%，研发强度可提高0.24%，他们进一步发现在信贷紧缩后，企业研发投入下降甚至中断了研发。孙晓华等（2015）对中国2006~2010年大中型企业研究后发现，企业创新研发强度和企业现金流正相关，证明创新研发存在融资约束。

相对于成熟企业，中小型企业自有资金较少，不能提供抵押物，新项目研发存在信息不对称和较高不确定性，其面临的融资约束更为严重。贝克等（Beck et al.，1999）选择80个国家和地区超10000家企业进行研究，发现大型成熟企业创新活动的融资约束顾虑较少。俄希热夫和特鲁申（Eshref and Trushin，2011）发现新兴企业和员工较少的中小企业，其研发和投资都受现金流的融资约束。布朗等（Brown et al.，2009）实证发现，相比大型成熟企业，美国高科技领域的年轻公司在创新研发方面面临的融资约束程度更高。

信息不对称是形成融资约束的重要原因，越来越多的学者基于缓解信息不对称研究融资约束解决问题，企业社会关联和金融科技发展是近期研究的热门方向。游家兴和刘淳（2011）发现企业家的社会关系网络明显降低了外部投资者提供贷款的额外风险补偿要求。申宇等（2017）研究了校友关系对企业创新的影响，他发现校友关系形成的"小圈子"有效促进了企业创新，一方面校友关系解决了关键创新信息沟通的信任问题，校友之间纯洁的友谊更容易达成合作，另一方面校友关系有效缓解了融资约束，提供大量的研发资金，有利于缓解企业创新的融资约束。

金融与企业技术创新领域的既往文献，主要研究两大主题：一是如何运用金融手段激励企业进行技术创新；二是如何更有效地为企业创新进行融资（田轩，2018）。本部分梳理国内外金融发展和企业技术创新的文献，发现金融发展与企业技术创新在微观和宏观方面有着紧密的关系：在微观企业方面，涉及所有权结构和风险投资，股东可控制的因素（如股权激励）和股东不可控制的因素（如分析师报告）均涉及股票流动性，影响企业创新；在宏观制度方面，股权市场相对于信贷市场更能促进企业创新（田轩，2018）。

1. 微观企业特征对企业创新的影响

企业上市状态。以是否上市为标准，可以将企业划分为上市企业和非上市企业两类。关于上市对企业创新的影响，以及上市企业还是非上市企业更具创新性的问题，学者们的观点尚未达成一致。支持派认为企业上市缓解了融资约束，获得大量低成本资金，并且通过招徕管理和技术人才，优化了公司治理结构，企业创新能力显著提升（张劲帆等，2017；李云鹤等，2018）；反对派认为，企业上市后将面临更多的短期资本压力，披露更多的技术信息容易给竞争对手模仿超越的机会，股价波动容易导致"野蛮人"恶意收购，并且经理人会迫于职业压力尽可能选择传统项目，所以管理层更关注短期业绩而放弃长期研发投资，导致创新研发下降（Wies and Moorman，2015；张劲帆等，2017）。

中外学者均对上市影响企业创新开展了相关研究。国外方面，杰恩和科尼（Jain and Kini，1994）较早研究上市对企业创新的影响，发现上市时间会影响企业创新，特定时间上市显著促进了企业专利数量的增加。吴（Wu，2011）研究美国医疗器材企业后发现，上市后企业整体创新水平提升，但是专利质量显著下降。费雷拉等（Ferreira et al.，2014）则研究了企业上市的选择问题，他们发现当企业利用现有创新时是适合上市的，而在寻求新研发时，私有化是最佳选择。因为当仅存现有知识时，企业在较高透明度下可以通过传播好消息而获利，而当企业寻求探索性创新时，管理层遇到不利因素时可以及时退出。伯恩斯坦（Bernstein，2015）发现上市使企业创新战略由内部创新转向外部创新，企业上市影响了创新质量而对创新数量没有影响。上市后，代理问题更严重，大部分研发人员离职，引起创新数量和质量的下滑；但是上市后带来的更多资金吸引更多人才，引发更多的外部并购带来更多专利，所以创新数量不会受到影响。威斯和莫尔曼（Wies and Moorman，2015）也发现上市导致企业创新战略的变化，企业上市后倾向于选择低风险项目。上市为企业发展带来充沛的资金，企业拓展了融资渠道，但是，管理层面临更多的披露和短期业绩压力，新产品的突破性和创新性显著降低，上市抑制了企业创新水平。国外学者的研究主要有两点结论，一是上市后更多的资金保障了创新所需要的基础资源；二是上市前后的融资约束变化导致企业改变了创新策略。

我国资本市场成立时间不长，目前处于转轨发展时期。中国情景下，企业上市对我国企业创新有怎么样的影响？孔东民等（2015）、张劲帆等（2017）和李云鹤等（2018）对中国新兴资本市场进行研究，分别得到相应的结论。孔东民等（2015）发现企业上市后由于管理者激励、信息披露激励和发明者激励抑制了企业创新，并导致企业全要素生产率（Total Factor Productivity，TFP）的下降。不同于孔东民等（2015）的结论，其他学者通过实证得到上市促进企业创新的结论（张劲帆等，2017；李云鹤等，2018）。张劲帆等（2017）比较上市企业和非上市企业在上市前后的专利申请情况，发现企业上市可以显著增加专利产出，缓解融资约束和创新人才梯队建设，是促进创新的重要渠道。李云鹤等（2018）利用不同分类标准——申请上市企业中的成功上市企业和终止上市企业得到了和张劲帆等（2017）类似的结论，样本基于 2009～2013 年中国创业板数据，促进企业创新的主要原因也是上市后大量的低成本资金缓解了融资约束，企业开展了更多的研发创新活动。

分析师关注。金融分析师能够提供有效的市场信息，解决信息不对称问题，防止道德风险发生。信息中介是金融分析师最大的职能。金融分析师通过走访调研企业向投资者发送专业报告，但金融分析师存在取悦管理层或者迎合投资者的倾向，甚至违背职业道德选择性报道，丧失金融分析师应有的中立地位（田轩，2018）。信息中介说和市场压力说分别代表金融分析师对企业创新的促进效应和抑制作用。信息中介说认为金融分析师传递了上市企业的创新活动信息，化解了信息不对称造成的股价低估，缓解了管理者短视行为从而促进企业创新。市场压力说认为分析师降低了企业创新成绩，主要是因为分析师给企业设置过多的短期绩效目标，管理者存在短期市场压力无法关注长期创新（He and Tian，2013）。

由于市场结构和公司治理结构不同，中国学者基于中国语境下的研究结果显示，中国分析师对企业创新的作用与美国有所不同。中国上市公司的股权集中度较高，通常还是"一股独大"的大股东控股模式，职业经理人较少有短期市场压力，中国的研究多是支持信息中介说的模式，即金融分析师的"信息中介"作用有效地促进了企业创新（徐欣和唐清泉，2010；陈钦源等，2017）。另外，也有学者得出相反的结果，谢震和艾春荣（2014）通过实证分析得出金融分析师抑制企业创新的市场压力说结论。

风险投资。风险投资通常是创新型中小企业对外融资较为高效的途径之一。学者们对风险投资影响企业创新的观点分为两派。支持论认为风险支持的公司创新能力更强，一方面可能在风险投资介入之前企业本身就具备较强的创新能力（Baum and Silverman，2004）；另一方面可能是因为风险投资介入后对企业创新能力的培养和提升（Kortum and Lerner，2004），他们对美国多个行业的研究发现风险投资的介入提升了被投资企业的专利数量。赫尔曼和普里（Hellmann and Puri，2000）根据硅谷 173 家企业研究发现风险投资显著加速企业的创新行为，被投资企业新产品推出时间和企业上市时间均大为缩短。高等（Gao et al.，2018）利用美国市场数据实证证明了风险投资支持的拟上市企业能够利用专利创新保持更好的长期经营绩效。

股票流动性。股票流动性（Stock Liquidity）是指股市能够快速低成本地进行大量交易而不会造成价格大幅变化的现象。股票流动性强有利于企业发展和降低融资成本（闫红蕾等，2020）。股票流动性为更多大股东进入持股提供便利，大股东为了公司股价升高对公司持续创新研发的监督，有效的克服短视行为促进了创新（Maug，1998；Edmans，2009）。但是股票流动性也更容易导致公司被收购的风险，高管会由于被收购压力而牺牲包括企业创新在内的长期投资，并且，流动性越高，外部收购者更容易伪装自己，管理层面临压力更大，长期研发的动力越小（Stein，1988；Shleifer and Summers，1988；Kyle and Vila，1991）。股票流动性引起投机型机构投资者比例上升，给中短期投资者带来短期压力，不利于公司创新。股票流动性降低了交易成本，部分投资者出于短期业绩频繁进出，扭曲了公司股价，首席财务官（Chief Financial Officer，简称 CFO，又称为"财务总监"）为迎合短期业绩目标而削减或放弃长期创新投资（Bushee，2001；Graham et al.，2005）。

基于中国场景的股票流动性与创新关系研究，接近田和王（Tian and Wang，2014）的结论，冯根福等（2017）将中国企业按照国有和民营不同性质进行深入研究发现，民营企业创新水平会因为流动性水平提升而得到抑制，国有企业的股票流动性则与创新水平显著正相关。冯根福等（2017）提取我国沪深 A 股 2006～2013 年数据为样本，流动性计量选择相对有效价差，创新计量选择专利授权数量和企业创新效率，股票流动性和企业创新有内生性问题，采用印花税和股权分置改革作为股票流动性的外生性事件。最后，民营企业得到了相同的结果，国有企业管理层在企业考核方法不断更新和股权多元化场景下为保持股价不下跌投入更多研发资金，故中国情境下的国有企业表现出和民营企业不一样的结果，即国有企业股票流动性提升促进了国有企业的创新水平。

2. 宏观制度特征对企业创新的影响

中国金融市场在改革开放以后开始迅猛发展起来。当前，企业融资主要依靠银行为主体，资本市场作为重要组成部分，保险、基金、期货等市场为补充的金融体系。一方面，我国的银行市场已经形成以中国人民银行为中心，多家商业银行和政策性银行为支柱的体系，各地区成立区域性商业银行，银行机构总量达 4588 家，规模世界第一。我国金融体系以银行业为主导，截至 2019 年，我国银行业拥有总资产 268 万亿元，占我国金融业总资产的比例高达 89%（易纲，2019）。另一方面，我国资本市场经历从无到有，从少到多的过程。自 1990 年上海交易所和深圳交易所成立以来，我国已经形成主板市场、中小板市场、创业板市场和科创板市场的多层次资本市场体系，沪深两市有 3700 多家企业，市值达到 54 万亿元，成为全球第二大规模的资本市场（易纲，2019）。

莫迪利亚尼和米勒（Modigliani and Miller）早在 1958 年就提出著名的

MM 定理，认为企业价值与资本无关。但是 MM 定理是理想情况下的数学推导，前提要求是信息充分、资本市场有效、不存在政府税收等，很难满足现实中的企业运行情况。随着 20 世纪 70 年代信息不对称、委托代理、激励机制等理论的提出，迈尔斯和米卢夫（Myers and Majluf，1984）提出融资优序理论，认为企业融资会优先选择内部资金，其次是低风险债券，最后才是股权融资。科研创新通常面临严重的融资约束问题，企业通常会寻求最优融资结构以缓解融资约束。

依据融资优序理论，企业融资主要有内源融资、债务融资和股权融资三类，后两类融资方式又称为外源融资。内部资金是企业创新优先选用的融资渠道（鞠晓生，2013），主要是因为创新研发不确定性高，并且估值困难，创新形成的无形资产不能作为信贷抵押。此外，创新探索的未知领域很难被外界有效识别，存在较为严重的信息不对称（韩剑和严兵，2013）。巴塔查里亚和里特（Bhattacharya and Ritter，1983）就发现企业基于研发保密的战略考虑，会更多地使用内部自有资金进行研发，而不会选用外部融资。徐欣和唐清泉（2010）也发现企业基于严重的信息不对称，研发投入更依赖内部资金。

但是，企业内部资金数量有限，特别是新成立的中小企业。外部融资能够显著提升中小企业和高科技企业的研发创新能力（韩剑和严兵，2013；郭园园和成立为，2016；贾俊生等，2017）。我国金融体系以银行为主，银行信贷占有社会融资的绝大部分比例，对我国实体经济发展具有重要的战略意义。马光荣等（2014）利用世界银行数据，发现银行授信提高了研发概率和研发强度，促进了企业全生产率的快速增长。银行基于风险控制考虑，偏重于资产抵押（Berger and Udell，1999）、良好的财务业绩及强政治关联（江诗松等，2019；熊家财和桂荷发，2020），银行信贷存在严重的"信贷歧视"问题。相对银行的风险厌恶而言，股权融资具有较强的风险承受能力，容易与创新协同发展（李真等，2020）。许等（Hsu et al.，2014）对 32 个发展中国家和发达国家 1976～2006 年制造业的实证发现，一个国家资本市场发展越好，其企业创新状况也会更好；而信贷市场越好的情况下，企业创新发展却更缓慢，在高科技行业和外源融资依赖型企业表现更显著。已有研究表明，银行信贷融资方式更适合资本密集型企业，而高科技创新企业使用股权融资更能促进企业创新发展（李真等，2020）。除以上三种融资方式外，还有学者研究了政府补助（朱平芳和徐伟民，2003；康志勇，2013；郭玥，2018）、创新补贴（林洲珏等，2015；张杰和郑文平，2018）等融资方式对企业创新的影响。

2.1.2　盈余管理与企业上市

1. 盈余管理动机概述

盈余管理是管理层出于个人私利有意识有目的地控制财务报告对外披露的过程（Schipper，1989）。斯科特（Scott，1997）对盈余管理的定义相对较窄，认为盈余管理仅发生于会计政策的选择中，经营管理者为了自身利益或者公司效益选择有利于自己的会计政策。斯科特（Scott，1997）的著作仅能解释应计盈余管理的现象，不能解释越来越多管理层通过改变生产经营活动来控制财务报告的真实盈余管理现象。希里和瓦哈恩（Healy and Wahlen，1999）则做了扩展解释，认为过去对盈余管理的认识局限于盈余管理是否存在及为什么存在。他们提出盈余管理不仅仅是管理层利用职业判断编制财务报告并披露的过程，还应该包括通过经营活动构造交易事项以变更财务报告，目的是误导投资者和股东。罗伊乔杜里（Roychowdhury，2006）进一步扩大了真实盈余管理范围，认为企业年终为营业收入增加而进行的促销降价、增加产品产量以降低单价成本等方式，实质上改变了财务报告的披露，属于真实盈余管理。

国内学者和专家也对盈余管理及其两种管理方式进行了深入研究。林舒和魏明海（2000）发现拟上市公司为了成功上市而大量实施应计盈余管理。另外，我国已上市公司基于避免出现亏损以及由此引发的特别处理（special treatment，ST）和退市，亏损上市公司大量实施应计盈余管理行为，通过改变会计记录来保住"壳"资源（吴联生等，2007；杜兴强和杜颖杰，2010）。萨班斯法案（Sarbanes - Oxley Act，简称 SOX 法案）颁布后，企业管理层更多的倾向于采用真实盈余管理（Roychowdhury，2006）。我国企业会计准则的不断完善，限制了企业实施应计盈余管理的空间，加上真实盈余管理隐蔽性较强，更多的企业选择真实盈余管理方式。蔡春等（2012）发现 A 股特别处理公司越来越多地选择真实盈余管理行为，暂时改善了企业退市状况，但是损害了企业的长期价值，导致二次"戴帽"。随后，蔡春等（2013）又发现上市过程中的真实盈余管理，类似地，上市过程中的真实盈余管理是有利于短期绩效的，即真实盈余管理暂时提高了股票发行价格，但是对长期绩效产生较大影响。王福胜等（2014）则专门针对两种盈余管理方式对企业未来经营业绩作了研究，结果发现，相对应计盈余管理，上市公司的真实盈余管理对未来经营业绩造成较大伤害。祁怀锦和黄有为（2016）比较了不同市场间的盈余管理行为差异，结果表明，创业板和中小板在上市进程中都运用了应计盈余管理和真实盈余管理两种盈余管理方式，上市当年主要使用应计盈余管理，上市后第一年主要采用真实盈余管理；创业板的应计盈余管理和真实盈余管理行为都强于同期主板与中小板的盈余管理行为，说明创业板的盈余管理行为更严重。

希里和瓦哈恩（Healy and Wahlen，1999）将盈余管理动机归为基于资本市场动机、契约动机和政治动机。普遍认为，盈余管理的动机基本适用于真实盈余管理，学者们结合我国实际情况，将盈余管理动机归纳为盈余动机、资本市场动机、收益平滑动机、契约动机、政治成本动机和避税动机等几个方面（李明辉等，2014）。本书的研究多与资本市场动机相关，下面将主要综述梳理盈余管理资本市场动机方面的文献。

为了在资本市场获得良好的收益回报，企业盈余管理的资本市场动机主要有上市动机、配股和增发股票动机、保壳动机以及并购动机等。首先，研究最多的是盈余管理的上市动机。上市不仅能够为企业带来大量的资金，也可以为企业带来良好的声誉。在发行过程中，为了顺利上市、募集更多资金、提高发行价格，企业将在会计准则允许范围内进行财务包装，达到美化报表取得更高发行股价和降低融资成本的双重目的（Teoh et al.，1998；Roychowdhury，2006）。王志强和刘星（2003）发现，发行人掌握较多的信息，和投资人之间有严重的信息不对称，于是发行人进行盈余管理以抬高股票发行价格；但是随着上市后公司信息的更多披露，投资者可能会逐步发现发行人的盈余管理行为，股票的价格将会回归至真实价值附近，并且盈余管理的发行价格越高，价格调整差距就越大。蔡春等（2013）指出，拟上市企业为了取得上市"壳资源"，管理层同时实施了应计盈余管理和真实盈余管理。不同盈余管理方式对发行定价有不同作用，当所在地法律水平低，管制行业、审计机构为非"四大"时，公司更倾向于用真实盈余管理提升股票发行价格。张岩（2018）实证检验了2000~2012年A股拟上市公司的盈余选择方式，发现随着时间推移，公司逐步选用更多的真实盈余管理手段，而应计盈余管理逐渐下降。

其次，以增发配股为目的的盈余管理动机。净资产收益率（return on equity，ROE）是企业经营重要的财务核算指标，也是我国证监会制定配股政策的必要条件之一。章卫东（2010）发现上市公司会在定向增发新股前一年进行盈余管理，如果定向增发为其控股股东或者关联子公司时，进行负向盈余管理；如果是对其他机构进行增发则进行正向盈余管理。陆正飞和魏涛（2006）等学者也发现上市公司会为配股进行盈余管理，并且配股后将出现业绩和利润普遍下滑的现象。王克敏和刘博（2012）发现，配股门槛的变化对盈余管理有影响，我国配股资格经历了由低到高再降低的过程，高配股门槛抑制了盈余管理行为，反之亦然。科塔里等（Kothari et al.，1993）发现上市公司会在股权再融资前向下操控费用以提高发行价格。

再次，保壳动机也是盈余管理资本市场动机的主要方面。我国上市公司管理办法规定了退市管理相关规定，企业连续三年亏损就会被冠以"ST"字样，如未改善将会被实施强制退市。国内学者对为扭亏为盈避免退市的文献做了大量的研究。陆建桥（2002）通过对上交所22家亏损上市公司进行研究，发现企业在亏损年份或是前后年份会调增或者调减利润进行盈余管理，因此没有一家企业发生过连续三年亏损的情形，也没有发生因连续三年亏损而被退市的处罚。陈晓和戴翠玉（2004）发现1998~2000年A股上市亏损公司通过关联交易和并购重组实施扭亏，较少使用西方企业常用的应计利润操控手段。赵春光（2006）研究资产减值和盈余管理关系，发现上市公司利用转回或者计提资产减值进行财务大洗澡（big bath）的扭亏行为。蔡春等（2012）利用2004~2010年A股被"ST"公司的数据，发现濒死企业同时实施了应计盈余管理和真实盈余管理，并且真实盈余管理对公司损害更大，容易让公司再次被"ST"。

最后，还有学者发现上市公司在并购发生前会操纵股价实施盈余管理。佩里和威廉姆斯（Perry and Williams，1994）调查后发现，收购方管理层在并购前一年操纵减少收益，通过拉低股价来减少并购成本。埃里克森和王（Erickson and Wang，1999）的研究表明收购方会在合并前的季度增加会计收益提高股价，以减少交易中使用的股票数量，获得更多并购收益。路易斯（Louis，2004）则发现并购前一季度调增业绩的盈余管理行为会导致并购公告后的股价逆转。国内方面，何燎原和王平心（2005）、黄新建和段克润（2007）都发现了并购实施前一年的盈余管理现象。

2. 企业上市过程中的盈余管理

企业上市也可称为首次公开发行股票（Initial Public Offering，IPO）。企业通过上市成功发行股票，可以有效缓解融资约束，扩大公司经营规模，促进公司治理结构优化。上市的融资优势和资源稀缺促使企业有着强烈的上市欲望，地方政府由于政绩考核等因素也有意积极促成辖区企业上市并参与公司上市进程（王克敏等，2015）。基于信息不对称理论，公司在首次上市发行过程中很可能存在强烈的过度包装行为（Teoh et al.，1998），即企业上市的盈余管理现象。闫甜和李峰（2014）总结了全球资本市场普遍存在的公司上市后经营业绩下滑现象，发现在中国主板、中小板和创业板均存在明显的上市后业绩下滑，认为盈余管理是造成这种现象的主要原因之一。上市过程盈余管理已经成为中外学术界的研究热点，学者们先后对上市过程中盈余管理进行存在性论证，再将研究拓展到上市盈余管理的动机研究等方面。鉴于前文已经系统梳理过盈余管理的上市动机，本部分仅对综述上市过程盈余管理存在性的文献进行研究。

大多数学者支持企业首发上市存在盈余管理的观点。绨欧等（Teoh et al.，1998）发表的两篇基于美国公司上市的文章最具有代表性。绨欧等（1998）首先使用美国 1980~1990 年的数据，报告了两个发现：一是企业发行当年的可操纵利润显著为正，上市后快速下跌，说明上市企业执行了临时提升利润的盈余管理；二是可操纵利润在上市后无法维持并下跌，下跌程度随着盈余管理的增加而增大。在第一篇文章基础上，绎欧等（1998）扩大考察区间，以美国 1980~1992 年数据为样本，发现盈余管理企业上市后长期业绩下滑，主要是投资者上市前也就是投资初期发生了价值误判，上市后逐步发现企业在上市过程中实施盈余管理，企业估值逐步回归真实价值。在上市进程中，发行人将会做出最大化自身利益的会计处理，目的是使自身效用最大化，这就是上市进程中的盈余管理现象，提高自己收益的同时却伤害其他投资者的利益。企业上市后，管理层和股东按照要求对财务信息进行披露，管理层和股东属于"内部人"，对企业的财务状况和经营管理都更为了解，投资者只能通过信息披露对公司进行估值（Dechow and Skinner，2000）。除此之外，其他实证文章也多次证实了企业应计利润在首次公开发行股票（IPO）期间达到最高并在上市之后回落的现象（Aharony et al.，1993；Roosenboom et al.，2003）。

在国内，拟上市企业的财务盈余指标是上市资格的硬性要求，发行前的财务状况决定了企业上市进程的顺利与否和发行价格高低，学术界普遍认为国内企业上市进程中的财务包装、利润操纵等盈余管理行为更强烈。阿哈罗尼等（Aharony et al.，2000）将我国国有企业在 B 股和 H 股上市的 83 家公司分为"受保护"行业和"不受保护"行业，这些公司在 1992~1995 年间上市，考察他们上市前两年和上市后三年的财务情况，发现"未受保护"公司资产收益率（ROA）在上市当年达到峰值，之后开始下降。王志强和刘星（2003）、张岩和吴芳（2016）发现发行人利用信息不对称对财务报表数据进行美化以提升发行价格，随着信息不对称状况的缓解，股票价格将会回归真实价值。张宗益和黄新建（2003）发现中国公司在上市前一年、上市当年和上市后一年均实行了盈余管理行为。黄俊和李挺（2016）选取 2006~2012 年申请上市企业为样本，发现当盈余管理程度较高时，上市公司通过发审委审核的比率与其上市前盈余管理负相关，当企业拥有政治关联或是国有企业背景时，盈余管理不会影响其上市审核通过。当企业上市时实施了盈余管理，上市后的业绩和股票收益更差。也有学者提出相反观点，阿姆斯特朗等（Armstrong et al.，2008）发现公司上市时可操控应计显著为负，说明上市进程中未出现盈余管理，另外股东诉讼和可操控应计正相关，说明股东诉讼约束了上市期间盈余管理。徐浩萍和陈超（2009）基于中国上市公司的研究，没有发现新股发行前存在使用会计调整进行的盈余管理。

企业上市过程中，对公司财务业绩进行包装实施真实盈余管理，其目的是为了上市成功以缓解融资约束，并在首次公开发行（IPO）定价中获得较高的定价。创业板公司上市前突击申请专利有着和真实盈余管理相似的动机。应计盈余管理通过改变财务披露的时间进行，由于《萨班斯法案》（Sarbanes - Oxley Act，以下简称"SOX 法案"）颁布后，我国会计准则的趋严及审计强度加大，企业更倾向于采用隐蔽性更强的真实盈余管理进行财务修饰。随着监管部门对盈余管理行为以及政治关联等寻租行为的查处力度加大，企业申请上市的"捷径"越发受到限制，采用粉饰非财务指标的方式装点招股说明书，成为拟上市公司的新选择。专利突击行为是企业专利管理行为的一种，企业通过改变实际的专利申请行为，意图通过向外界传递研发能力信号获取稀缺的上市资源以缓解企业融资约束。同时，徐浩萍等（2017）发现专利被一级市场的询价对象作为定价基础，说明专利能够很好地发挥信号传递作用提升 IPO 报价，企业粉饰专利信息，既能满足上市目标，也可以提高 IPO 报价，这是一种以非财务行为方式影响企业财务绩效表现的策略性行为，可以视为真实盈余管理概念在非财务领域的延伸。

2.1.3 研发操纵与策略性创新

随着国家创新战略的提出，企业创新越来越成为研究的热点话题。学者们从公司战略（孙健等，2016；夏同水和明娣，2021）、融资约束和企业创新（朱红军等，2016；杜瑞和李延喜，2018；Zhou et al.，2019）等方面入手，研究与盈余管理之间的关系。根据经营特点，公司战略类型分为进攻型、分析型和保守型三类（Miles and Snow，1978）。进攻型公司由于更激进的研发和市场策略，融资需求更高（Miles and Snow，1978），有可能进行更大程度的盈余管理以获得更多银行信贷的支持（卢太平和张东旭，2014；马永强等，2014）。因此，战略激进的公司会进行更多盈余管理，而融资需求起到两者间的中介作用（孙健等，2016；夏同水和明娣，2021）。

研发本身具有的高不确定性和高风险性增加了企业的盈余波动，盈余波动向信息接受者传递负面信息，会给企业带来一系列不利影响。为了消除收益波动产生的负面影响，企业通过盈余管理对研发投入进行平滑。盈亏幅度较小的企业，一般会通过减少研发支出来进行盈余管理。舒斯特（Shust，2015）认为企业为了消弭研发引发的收益波动，会进行一系列的盈余管理活动，并且盈余管理随着研发投入的增加而更多。朱红军等（2016）考察公司真实盈余管理动机对企业创新和税收的影响，利用 2007～2013 年 A 股上市公司数据研究后发现，上市公司基于真实盈余管理动机减少研发投入，公司未来的专利产出更少，也加重了公司税收负担，进而导致企业未来业绩下降。周等（Zhou et al.，2019）将研究对象集中在创业板，发现创业板上市前大幅削减研发投入的现象，指出这种现象与创业板设立初衷相违背。杜瑞和李延喜（2018）认为研发投入越多的企业盈余管理越严重，企业研发进行盈余管理，很大的原因是寻求政府财税支持的策略性行为。

本书进一步深入研究，通过研发操纵进入学者们的研究视野。研发操纵和策略性创新同义，其本质是，企业在资源有限情况下，以最小的研发投入，争取最大研发产出的行为，这种行为不属于企业正常经营的范畴，可以视为企业基于制度迎合目的的真实盈余管理行为。学者们主要从政府补助（安同良等，2009；苑泽明等，2020a）、产业政策（黎文靖和郑曼妮，2016）、高新技术企业资质认定（杨国超等，2017；万源星和许永斌，2019；马晶梅等，2020）、卖空压力（林志帆和龙晓旋，2019；谭小芬和钱佳琪，2020）、分析师关注（苑泽明等，2020b）、高管特征（苑泽明等，2020c）、法制环境（王兰芳等，2019）、诚信文化（卜美文，2020）等方面进行了研究。

以研究时间来看，政府补助的研究历史最长。安同良等（2009）较早发现，仅有"二次创新"能力的企业能够通过聘请知名专家对研发能力进行包装，向政府发送原始创新的错误信号来骗取政府补贴。企业研发操纵行为越多，政府会基于错误信号向企业发放更多的政府补助（苑泽明等，2020a）。从影响力看，黎文靖和郑曼妮（2016）基于产业政策对企业创新影响的文章，相对而言具有更大影响力。黎文靖和郑曼妮（2016）利用

2001～2010 年上市公司专利数据，发现产业政策促进企业更多地申请专利，专利数量明显增加，尤其是非发明专利增长显著，然而专利质量却没有同步增长，他们认为这是一种"寻扶持"的企业创新行为。以研究对象看，通过研发操纵获得高新技术企业资质评定的文章数量最多。我国《高新技术企业认定管理办法》从 2008 年开始施行，符合评定资格的企业将获得 15% 的优惠税率（普通企业税率一般为 25%）。然而，高新技术企业评定有一定的标准，那就是要求企业研发达到营业收入的 3%。杨国超等（2017）和杨记军等（2018）都发现了高新技术企业资质认定 3% 的研发操纵行为，中国上市高新技术企业为了达到国家高新技术企业认定标准，普遍将研发投入维持在 3% 的水平上。张子余等（2019）对 2008～2014 年高新技术上市公司的费用进行研究发现，高新技术企业为获取高新技术企业资格，在资质认定前一年便有显著的向上操控费用行为，并且非国有控股企业表现得更明显。随后，万源星和许永斌（2019）以"达标型"和"避税型"为标准，区分了高新技术资质认定初审和复审的不同操纵方式选择；马晶梅等（2020）认为受融资约束越强的企业和技术密集型企业在高新技术企业资质评定中运用了更多的研发操纵行为；程玲等（2019）用经济学理论分析了策略性研发操纵的经济后果，认为研发操纵负面影响企业生产率和经营利润；杨国超和芮萌（2020）区分不同类型企业研发操纵的经济后果，发现虚增研发而获得高新技术资质的"伪高新企业"未来业绩受到影响，而高新认定对企业正常获取高新资质认定后的业绩起到明显促进作用。除了以上几个方面外，良好的法制环境会减少研发"粉饰"，研发"粉饰"促进短期财务绩效却负向影响市场绩效（王兰芳等，2019）；高管学术经理和分析师抑制了企业研发操纵水平（苑泽明等，2020b；苑泽明等，2020c）；而林志帆和龙晓旋（2019）、谭小芬和钱佳琪（2020）从卖空压力视角，发现卖空威胁迫使企业申请更多"短平快"的非发明专利；万源星等（2020）发现研发操纵行为弱化了加计扣除政策的激励效应。

研发操纵行为是一种真实盈余管理行为，主要是企业研发面临融资约束，企业策略性地申请专利，以迎合制度的要求。近年来，关于研发操纵的文献越来越多，不难看出其基本原理都是以曼索（Manso，2011）关于研发宽容性的观点为基础。曼索（2011）认为，研发需要较长的时间，面对研发失败，应该给予更多宽容，才能有效促进企业创新。田和王（Tian and Wang，2014）赞同曼索（2011）的观点，认为风险投资（venture capital，VC）给予企业创新越多的宽容，其所支持的企业创新能力越好。在中国情景下，宏观制度还不够完善，企业也面临生存发展的市场压力，因而，企业为了在相同的时间和资源情况下占得先机，会引发系列策略性创新活动，也就是研发操纵行为。

2.1.4　专利与企业绩效

1. 专利对企业绩效的促进作用

专利是衡量技术进步的常用指标，较为客观地展示了企业的创新竞争优势。这主要是因为专利作为一种战略要素，兼具价值性、稀缺性、难以模仿性和不可替代性等特点，能够在竞争中获取优势和先机（Barney，1991）。在知识经济时代，专利权人通过专利布局实施积极的专利战略，除了在竞争中抢得先机之外，还能够发掘新的利润增长点，构建封锁性壁垒，进而垄断和开拓国内外市场（Blind et al.，2006；Torrisi et al.，2016；Jell et al.，2017）。由此可见专利的战略性是手段，经济性是目的，专利能够促进经济增长已然成为学者们的主流观点。专利竞争优势在宏观、中观和微观三个层次都有不同的表现，既往学者分别从不同层面对专利竞争优势进行了研究。

首先，宏观方面的专利优势理论研究显示了专利对国家经济的促进作用。在国外文献中，专利作为测度技术进步或创新的指标已有近 30 年的历史，大多数研究结果显示，专利与经济增长之间存在正相关关系。贾尔斯（Jalles，2010）通过对 1980～2005 年 73 个国家的小组数据进行实证后发现专利对经济增长有积极影响，有效提升了人均收入水平。霍尔等（Hall et al.，2010）分析欧洲企业专利和研发的私有价值，发现企业托宾 Q 值（市场价值与企业实物资产重置价值的比率）与研发和专利呈显著正相关关系。金等（Kim et al.，2009）分析了 1981～1999 年韩国制造业专利对全要素生产率的贡献，发现国内外的专利申请均对韩国制造业生产率产生显著正向影响，外国专利对韩国制造业全要素生产率的提升更高。专利在行业间具有知识外溢效应，一个行业专利的增加会提升其他行业的全要素生产率。

我国专利制度建设起步较晚，1985 年《中华人民共和国专利法》（以下简称《专利法》）颁布后才有系统地正式记录，相应地，专利如何影响国家经济发展的研究也晚于西方。高雯雯等（2006）通过时间序列动态均衡关系分析方法，对我国 1985～2002 年的专利产出与经济增长的有关数据变量进行协整分析与因果检验，同样发现我国专利产出与经济增长之间存在着较强的相关性。沈映春和陈昌柏（2005）分别对我国 1985～1997 年包括专利在内的各项生产要素进行测算，发现专利对经济增长的贡献率为 17.43%，仅低于资金 54.07% 的贡献率。鞠树成（2005）利用国家统计局 1985～2002 年数据进行回归分析，发现专利产出对我国经济增长有 17.87% 贡献率。姜彩楼（2008）检验了 1987～2004 年我国专利产出与经济增长的关系，得出两者存在双向因果的协整关系，专利创新产出每增加 1%，经济总量就会增长 0.31%。专利促进宏观经济发展的文献较多，大部分采用定量研究得出相关结论。但是，各国的政治经济制度及发展历史等情况各不相同，可能造成专利对不同经济体的作用各异。另外，文献中专利的时间跨度选择多为 10 年至 20 年，这个期间是否可以覆盖地区较为完整的经济周期，不同产业政策和领导人特质是否会影响专利对经济的作用，时间段选取可能会漏掉专利对经济的"负向影响"区间。

其次，中观层面的专利优势理论研究揭示了专利对地区和产业的竞争优势作用。专利能够促进国家经济的发展，这在我国和国外都得到了实证检验。但是，由于我国幅员辽阔，各地区经济发展不平衡，专利创新在不同地区和不同产业等中观层面的表现不同，而且专利创新有着较强的集群、溢出和模仿效应。考察专利创新和区域经济的关系，具有重大的理论和实践意义，尤其是对于我国这种不同地区经济发展和文化表现各异的大国而言，更是具有战略研究价值（姜南，2017）。国外文献中，罗伊（Roy，2013）调查了印度浦那地区 30 家大型企业，发现专利能够有效提升印度 IT 产业的竞争优势和企业绩效，专利是管理层进行市场竞争的有效战略工具，并为定期知识产权审计和评估公司无形资产提供了便利。国内方面，张继红等

（2007）利用我国 31 个省级行政区的专利数据，通过空间自回归分析证明了全国各省份之间的专利具有相互依赖性和溢出性，表现出空间集聚，较高创新省区相对地趋于靠近，反之亦然；三种专利都能促进区域经济增长，发明专利、实用新型专利和外观专利授权每增加 1%，区域经济 GDP 增长 0.57%、0.60% 和 0.57%。侯筱蓉等（2008）分析了 1990 ~ 2005 年重庆市专利数据，发现专利产出和经济增长不存在稳定的正相关关系。张炜（2008）利用 1985 ~ 2004 年浙江省专利授权数据和 GDP 总值回归后，发现专利授权数越多，浙江省经济增长越快，专利授权数越高，专利对经济增长的贡献率越大，每增加一项授权专利，地区生产总值增长 0.66 亿元。范建华和郭佳佳（2011）采用 1985 ~ 2010 年陕西省国内生产总值和专利申请数量进行实证研究，发现两者存在长期稳定的正相关关系。与宏观层面的文献类似，中观层面的研究文献可能会因制度不同和时间段选择而存在差异。学者们主要选择某个地区或者某个行业进行考察，并且相关文献的研究时点都较为久远，缺少新近的研究。

最后，微观层面的专利优势主要在于研究专利对微观主体的作用，尤其是对企业的收入和利润具有显著促进作用。企业进行研发的目的和产出之一就是专利。专利是企业区别于其他竞争者的独特资源，具有价值性、稀缺性、难以模仿性和不可替代性，经过企业的组织利用，可以为企业带来超过社会平均生产率的收益。进入知识经济时代以来，专利在提升企业价值、提高生产率和促进经济增长方面就显示出巨大的作用（Hall，2004）。专利显著改善企业的经营业绩和现金流量，是衡量企业创新能力的主要指标，而霍尔（Hall，2004）则认为专利是一项非财务信息，相比财务信息，更有利于投资者进行价值评估。因此，企业能否获取授权专利，或者是否拥有比同类其他企业更多的专利，能够向投资者传递企业的研发和盈利能力信号，是投资者进行投资决策的重要参考指标。

专利研发决策是企业的战略机密，如果研发创新信息被竞争对手或者市场所知晓，企业的产品会被竞争对手模仿甚至超越，所以企业的自愿性信息披露是公众获取企业创新信息的重要途径。企业自愿性披露研发信息，主要是为了缓解信息不对称，树立企业创新能力强的良好形象，有利于降低发行人上市融资成本，提升公司市场价值（Blundell et al.，1999；Griliches，1981；Hall et al.，2010）。布伦德尔等（Blundell et al.，1999）研究了市场份额、技术创新和企业价值的关系，他们发现，出于占领市场份额动机，企业积极进行研发创新，创造了更多专利，同时也提升了企业的市场价值，这种现象在高市场份额的企业中更为显著，证明高市场份额企业在创新上往往采取先发制人的策略。霍尔等（Hall et al.，2010）以 1985～2005 年期间欧洲 5 个国家的企业为样本，发现托宾 Q 与研发和专利呈显著正相关。郭等（Guo et al.，2004）研究了大量美国生物企业，发现在 IPO 时企业更愿意披露创新和研发信息以降低融资成本，披露创新信息越多，企业市场价值越大。恩斯特（Ernst，2001）利用 1984～1992 年期间德国 50 家机床制造商的横截面数据进行面板分析，发现专利申请与企业长期经济绩效存在正相关关系，专利申请后 2～3 年，企业销售收入呈现不同程度的涨幅，其中欧洲专利申请质量更高，对销售增长的影响更大。希利和马图西克（Heeley and Matusik，2007）认为专利能够促进公司价值创造是因为专利能够有效降低研发企业和投资者之间的信息不对称，在高新技术等与专利产出更为密切的行业，专利更能显著降低信息不对称性提升公司价值。布卢姆和里宁（Bloom and Reenen，2002）研究英国数据后发现专利可以提升企业劳动生产率，对公司经营业绩和股票长期表现有显著正面的影响。

尽管大量文献从微观层面证明了专利对经济增长的促进作用，但是专利产出仅仅是整个创新过程的一小部分，专利能否对经济有促进作用仍然是一个较有争议的话题。现有研究表明，由于专利质量不同，不同种类专利对经济促进作用存在差异，此外，专利还面临着成果转化的问题。专利从申请到授权再到转化，只有真正运用到实际中才能体现出作用，然而，我国部分科研院所的专利研究与市场需求联系不强，部分小微企业由于融资约束等问题，专利成果不能实现高效转化。专利转化存在一个过程，一个专利从研发到发挥效用有一个不小的时滞，且时滞普遍在两年以上。在当代创新速度越来越快的情况下，专利成果转化率低的问题更加凸显。再加上专利和经济增长之间复杂的非线性关系，当前文献尚不能从根本上厘清两者之间的关系。虽然存在诸多分歧，但是学者们总体上的研究观点是专利创新推动了经济发展，从实务上来看，亦存在相同的结论。

2. 专利对企业绩效的抑制作用

自创新理论兴起以来，尽管主流观点认为专利对企业绩效有较大的促进作用，但是，20 世纪 80 年代后，实践和理论发展都出现了专利对企业绩效具有抑制效应的迹象。德国学者布朗（Braun）在其 1990 年的论文中提出了"加速化陷阱"理论，他选取美国、欧洲和日本各 10 家具有代表性的企业进行观察研究，发现专利竞赛引发企业投入更多研发并申请更多的专利，但是，原本企业研发还有利可图的活动，在专利竞赛后出现研发投入远高于企业利润的"加速化陷阱"情况。布朗（1990）基于西方国家专利竞赛引发专利加速陷阱的结论，是否适用于新兴且处于转轨期的中国市场呢？中国的研发强度长期低于西方国家，是否不存在"加速化陷阱"现象呢？国内学者对此进行广泛的研究。张冰和吴添祖（2000）认为产权不明晰是造成研发无效率或是研发陷阱（R&D trap）的根源，由于市场的信号机制和价格机制扭曲，研发的高风险和高收益属性分离，形成我国科技研发低效率的状况，不利于推动经济增长。王建华和王海云（2005）实证证实我国存在加速化陷阱，其原因在于跟风心理、盲目崇拜和粗放管理。张波涛等（2008）首次证实了"加速化陷阱"在中国企业存在的事实，他们使用 1999～2005 年中国 111 家机械制造类上市公司的专利申请数据和相应公司 2001～2006 年财务数据，实证证实这些公司三种类型的专利均与他们的主营业务收入呈现倒"U"型关系，过高的专利申请数量会降低企业经营绩效。徐欣和唐清泉（2012）研究后认为专利竞争优势理论在我国基本成立，但是在部分行业（石油化工和塑胶塑料、电子业、采掘业）存在研发"加速化陷阱"。毛昊等（2018）则认为是过度"膨胀"的实用新型专利造成中国的"加速化陷阱"，对中国经济增长形成负向冲击。实用新型专利能够帮助后发经济体在专利竞赛中实现技术追赶，但是经济发展到一定阶段后，实用新型专利促进经济增长的作用将逐步减少，这时候的国家发展将依赖高质量的发明专利。毛昊等（2018）发现我国实用新型专利未能进入预期的倒"U"型发展，阻碍国家创新发展，不能对经济发展以有力的创新支持，形成实用新型专利使用陷阱。

2.1.5　现有研究的局限

通过对企业上市前面临的融资约束和上市盈余管理的文献进行系统梳理，发现融资约束容易引发企业盈余管理行为。创业板公司大多属于初创高科技企业，面临较为严重的融资约束，由此导致上市前盈余管理的现象较为普遍。同时，研究发现，初创高科技企业存在研发操纵行为。融资约束和盈余管理领域的文献较多，相关研究较为成熟。但是，目前很少有文献直接探讨创业板公司上市前的专利申请行为及其对企业绩效的影响，具体如下。

第一，虽然现有文献发现企业上市缓解了企业融资约束，改变了企业上市后的专利申请行为（Bernstein，2015；张劲帆等，2017；Gao et al.，2018；李云鹤等，2018），但现有文献较少探讨企业为获取上市资格是否会改变上市前的专利申请行为。一方面，企业上市前后面临的融资约束显著不同。企业为了缓解融资约束而申请上市，故而上市前普遍面临研发资金不足，上市后带来的充裕资金，可能解决企业研发资金短缺问题，而生产出更多的创新专利（张劲帆等，2017；李云鹤等，2018）。另一方面，企业上市前后的专利动机可能不同。上市成功后，企业顺利解决研发资金问题，此时的企业专利研发更可能基于企业真实的发展需要；而在上市前，创业板公司可能会出于传递创新能力信号而操纵专利研发。学界研究多关注上市后表现，而上市前研究较少。与本书研究较为接近的是周铭山等（Zhou et al.，2019）关于创业板公司上市前研发费用的研究，他们发现创业板公司上市前研发费用逐年减少，与创业板初衷违背。但是，目前尚缺少研究创业板公司上市前专利变化相关的文献。

第二，现有文献发现企业在上市前会进行盈余管理，达到证监会规定的上市标准、提升发行价格（林舒和魏明海，2000）。财务指标是公司上市的重要标准之一，较为客观地反映了公司经营全貌。研究发现，为了实现上市目标，企业会操纵招股说明书中的财务描述，利用盈余管理粉饰财务报表。但是，除了财务数据外，无形资产、商誉等指标也能从侧面展示公司的经营情况。既往文献往往聚焦于企业上市前对利润等财务指标的调整，缺乏关于

专利等非财务指标的研究;

第三,现有文献表明产业政策、税收优惠、创新激励政策和卖空压力是企业策略性申请专利的重要因素(安同良等,2009;黎文靖和郑曼妮,2016;杨国超等,2017;张杰和郑文平,2018;谭小芬和钱佳琪,2020)。专利最初的传统动机是企业为了杜绝模仿并获取超额利润以占领市场。随着激励政策越来越多,企业围绕激励政策进行专利的策略性研发越来越多。目前,已有学者基于产业政策(黎文靖和郑曼妮,2016)、高新资质评定(杨国超等,2017;杨记军等,2018;万源星和许永斌,2019;马晶梅,2020)、分析师关注(苑泽明等,2020)、公司诚信文化(卜美文,2020)等方面研究企业策略性创新的行为,但是,学界缺少创业板公司上市前专利行为及其动机的相关研究。鉴于此,本书试图考察上市对企业专利申请行为的影响,对以往文献进行了补充。

第四,现有研究专利与企业绩效的文献较多,专利对企业促进作用和抑制作用的研究均有涉及,但是,策略性创新引致的专利变化对企业绩效或是经济后果影响的研究较少。研发操纵形成的专利对企业绩效的影响,仅有程玲等(2019)对企业研发操纵进行相关的经济学分析,研究方向与本书最为接近。然而,程玲等(2019)的研究对象主要是申请高新技术企业资质认定的企业及其为达到认定而进行研发操纵的专利行为。截至目前,尚未有文献研究创业板企业上市前的研发操纵行为对企业绩效的经济后果影响。

2.2 理 论 分 析

2.2.1 信号传递理论

信号传递理论认为,拥有更多信息的一方通过特定的行为方式向信息较少的一方传递产品质量和价值的相关信息,可以有效缓解信息不对称带来的逆向选择和道德风险问题,改善市场运行状况。阿克尔罗夫(Akerlof,

1970）通过"柠檬市场"问题提出了信息不对称理论。汽车市场的买卖双方之间由于在汽车质量上存在严重的信息不对称，引发卖方高价卖低质量汽车的道德风险，并导致"劣币驱逐良币"的逆向选择现象。信号传递理论以解决信息不对称问题为出发点，核心意思是，信息优势方会向信息逆势方传递真实的产品质量和价值信号。

信号传递理论最早由斯宾塞（Spence，1973）提出，并建立起信号传递模型（signaling model）。斯宾塞（1973）将求职者的教育水平信息作为向雇主发送的有效信号，认为高教育水平代表了高生产效率信号，一方面为求职者谋取了更高的劳动报酬，另一方面为雇主选择具有较高能力的劳动者，教育水平信号有效降低了劳动力市场的信息不对称。随后，更多的学者对信号传递理论进行大量研究（Stiglitz，1975；Rothschild and Stiglitz，1976；Bhattacharya，1979）。斯蒂格利茨（Stiglitz，1975）通过信号模型发现了雇主能够识别生产能力强的员工并给予更高报酬，信号传递在甄别员工生产率过程中发挥关键作用，降低了雇主和员工的信息不对称。罗斯柴尔德和斯蒂格利茨（Rothschild and Stiglitz，1976）研究了投保人与保险公司的信号传递，投保人通过选择保险公司提供的不同版本保险合同，向保险公司传递不同风险偏好的信号。巴塔查里亚（Bhattacharya，1979）则发现投资信息中的股利信号，理性投标者会基于发标人发布的招标信息进行分析和估值，并做出投资决策，因为投标者是信息逆势方，只能通过招标信息获取信号。

罗斯（Ross，1977）首先将信号传递理论引入公司财务治理的研究中。他认为管理层拥有比外部投资者更多的信息，对企业未来盈利和成长风险了解更多的内部信息。因此，外部投资者可以通过观察管理层对资本结构的选择和股利分配政策来判断企业未来成长性及其价值。进一步地，罗斯（1977）指出，公司良好发展的信号需要较高成本，因此业绩较差的公司很难模仿优秀公司发出高质量发展信号，所以公司传递出的信号是真实可信的。随后的研究也得到类似结论，基尔马尼和饶（Kirmani and Rao，2000）对高质量公司和低质量公司的信号进行对比研究，发现高质量公司发出信号增加了公司收益，低质量公司发出信号降低了未来收益，两类公司发出信号会有不同的结果，说明外部人士能够区分不同质量公司的信号。

　　财务学家们发现公司管理层通过对外公布利润、股利和融资信息向外界传递公司经营信号。管理层掌握更为充沛的公司经营信息，外部利益相关者将管理层公告作为获取公司内部信息的有效方式。由于现代资本市场参与者众多，信息不对称大量存在于公司治理和市场交易中，因而信号传递理论的应用更为广泛。特鲁曼（Trueman，1986）发现公司管理层通过自愿披露盈余预测信息，向外界传递公司经营内部信息，外界投资者根据披露信息提高了对公司未来经营业绩预测的能力和水平。罗杰斯（Rogers，2008）认为公司在不同情形下披露不同程度的企业经营信息，是管理层谋求个人私利而有选择地对外发送信号。国内学者也研究了信息披露等信号传递行为对公司治理的影响。林毅夫（1997）发现充分的信息披露有助于缓解信息不对称导致的管理层机会主义行为，有效降低了公司股东和经理层之间的委托代理成本，促进公司治理的进步和发展。大量证据显示，企业积极披露内部信息并提升披露信息质量，有利于信号接收者获取企业积极信号，有助于提升企业在资本市场的形象，增加企业经济价值（张宗新等，2007）。

　　随着知识经济的兴起，技术创新在企业经营中扮演着日渐重要的地位。艾伦（Allen，1983）较早地研究了创新行为披露的信号传递效应，发现高新技术企业之间彼此公开或者进行技术交流合作已被广泛使用，其行为动机是减少研发间的信息不对称和节约高昂的知识产权保护费用。之后的学者们分别以世界多个国家的专利数据为基础，研究发现了企业专利信号对企业营业收入和市场价值的促进作用（Chan et al.，1990；Kim et al.，2009；刘督等，2016；钟腾和汪昌云，2017）。这一结论已被学术界和实务界广泛接受，由此，可以推断企业有积极披露专利和研发相关信息的激励。创新具有较高的不确定性，再加上研发属于企业保密信息，企业与外部投资者的信息不对称更大，主动充分披露创新信息是降低不对称性的主要办法（叶康涛等，2015）。霍尔等（Hall et al.，2005）比较了研发和专利作为非财务指标传递的信号作用，发现专利隐含了更丰富的企业内部信息，投资者利用专利评估企业价值更为准确。郭等（Guo et al.，2004）发现美国生物公司在申请上市时的主动披露增加了企业透明度，降低了融资成本并获得了更高的市场估值。徐欣等（2016）以2009～2012年我国创业板上市公司为样本，也发现了企业创新能力信号能够降低发行人成本，显著抑制了 IPO 折价。韩鹏和岳园园（2016）发现我国创业板公司创新行为的自愿性信息披露获得资本市场认同，提升了企业价值。徐浩萍等（2017）也发现了创新信息在创业板公司上市发行阶段被一级市场询价对象作为定价基础，证明创新信息传递了企业价值信号。既有研究表明，企业主动的专利信号传递既能够展示企业质量（Hsu and Ziedonis，2013；Plummer et al.，2016），还能够吸引风险投资（Conti et al.，2013；Haeussler et al.，2014）。专利信号显著降低了企业与外界的信息不对称，为企业研发项目发展带来更多的资源。

　　早期的技术专利主要基于企业发展的市场动机（Barney，1991），管理层在披露专利研发信息时会向外界传递较为真实的信号。随着专利研发策略性动机的增加及政府专利补贴等外部因素的影响，企业向外界发送的专利信号真实性也逐渐发生了变化。一方面，专利研发是企业的内部机密，为防止技术成果被竞争对手获取损害竞争地位，企业更少地披露创新行为（吴超鹏和唐菂，2016；郭玥，2018），或是采用差异化的披露策略，在清晰表达策略性创新的同时模糊表达实质性创新（何雨晴和丁红燕，2021）。另一方面，由于创新活动较强的专业性，非专业人士及普通投资者面对企业披露的创新信息，仍然难以准确理解（程新生等，2020）。因而，政府不能很好识别不同类型专利之间的价值差异，是因为政府税收优惠基于专利数量而不是专利质量（李晓霞等，2019）。政府不能识别企业真实创新能力并错配创新补贴资金，是因为企业在发送真实信号的同时发出了虚假信号（冯潇等，2020）。安同良等（2009）发现二次创新企业会发出虚假的原始创新信号获取政府补贴，企业发送原始创新信号主要通过聘请专家、教授等低成本的方法。另外，李莉等（2015）发现企业会衡量政府补贴收益与创新信号成本之间的差异，当收益远大于成本时，低质量企业会发送虚假的高质量信号。策略性创新动机往往引发扭曲的信号信息，企业通过更多低质量的非发明专利传递企业创新能力强的虚假信号（黎文靖和郑曼妮，2016；林志帆和龙晓旋，2019；谭小芬和钱佳琪，2020）。策略性创新发送并不准确的信号，程玲等（2019）发现制度迎合的策略性创新行为并不能提高企业生产率和利润水平，反而降低了企业利润和价值。

2.2.2 委托代理理论

委托代理理论最早出现在伯尔勒和米恩斯（Berle and Means，1932）撰写的论文《现代公司与私有财产》中，核心观点是现代公司所有权与经营权的分离导致代理问题产生。股东通过签订契约将企业委托给管理层运营，股东的所有权和管理层的经营权出现了分离。所有权和经营权的分离有利于管理层发挥技术专长更好地经营公司，也使得股东有精力进行更多的投资以增加收益分散风险。但是，股东和管理层的目标显然不一致，股东希望管理层可以尽职尽责地工作以增加公司和股东财富，而管理层则希望通过高薪低劳、在职消费等形式实现自己最大化利益。股东和管理层彼此目标的背离，导致了两者之间的分歧，并引发道德风险和逆向选择。

随后，众多学者基于委托代理理论进行了大量的深入研究。詹森和麦克林（Jensen and Meckling，1976）提出代理成本假说，认为委托人的监督成本、代理人的担保支出以及剩余损失构成代理成本的三个部分，当前两者形成的边际收益等于代理问题引起的剩余损失时，代理成本最低，公司治理结构最优。法玛和詹森（Fama and Jensen，1983）则引入剩余索取权概念解决代理问题，通过固定支付或考核业绩将决策管理和决策控制分离，进而缓解委托代理问题。而施莱费尔和维斯尼（Shleifer and Vishny，1986）则提出第二种委托代理问题，通过构建大股东监督模型，发现大股东更有激励去监督管理层，分散的中小股东在监督公司治理上往往采取"搭便车"态度。

西方的委托代理理论表现为单层委托代理关系，是与英美公司的股权架构相关的。相对英美股权架构较为分散的情况，包括中国在内的东亚国家，以及欧洲大陆国家，这些地区的公司股权架构较为集中，存在着单一大股东（Claessens et al.，2000；Faccio and Lang，2002）。我国学者冯根福（2004）针对公司股权集中的情况，认为除了传统的委托代理理论之外，存在双重委托代理理论，第一类是股东与管理层的代理问题，第二类是大股东与中小股东之间的代理问题。

从我国开始实行市场经济体制改革以来，委托代理问题越来越多地出现在我国公司治理以及资本市场发展过程中。我国股票发行制度与经济发展时代特征相适应，具有"新兴＋转轨"的特点，发行制度处于不断改进完善的过程中。相对于成熟市场而言，我国股票发行信息披露制度还不完备，信息不对称问题较为严重，再加上承销商没有对新股支配的实质权力，我国新股发行市场存在着双重委托代理关系（冯琳，2018）。借鉴蒂罗尔（Tirole，1986）、德里安（Derrien，2005）及冯琳（2018）的研究，新股发行的双重委托代理关系分别是中国证监会和拟上市企业的第一层委托代理关系，以及拟上市企业和保荐人的第二层委托代理关系（见图 2.1）。证监会是第一层委托代理关系的委托人，其职能是监督新股发行以确保社会主义市场经济健康运行。拟上市企业既是第一层委托代理关系的代理人，又是第二层委托代理关系的委托人。在第一层关系中，拟上市企业以上市为目标，企业可能利用自身信息优势逃避监管以实现这个目标；在第二层关系中，拟上市企业处于信息弱势地位，可能为了更高发行价而与询价对象合谋。

图 2.1　IPO 发行中的双重委托代理关系

资料来源：冯琳. 中国股票发行市场 IPO 定价问题研究［M］. 北京：中央财经大学出版社，2018.

第一层委托代理关系的委托人和代理人分别是中国证监会和拟上市企业。证监会作为国务院直属的证券管理部门，通过履行对企业的上市审批和监管，维护社会主义市场经济的运行秩序。拟上市企业通过上市并发展以强化证监会的宗旨和职能，由此形成事实上的第一层委托代理关系。然而，证监会希望拟上市企业都是优质的，以最大程度提升社会整体福利，但是企业却是以上市成功为目标，形成了两者目标的背离。拟上市企业为了上市成功，会夸大业绩表现隐瞒企业风险，并且会和中介机构达成合谋以谋求最大利益。

第二层委托关系的委托人和代理人分别是拟上市企业和询价对象等中介机构。证监会引入询价对象，其目的在于辅导首次公开发行（IPO）上市企业的准确定价。询价对象具有较大的信息资源优势，可以较为精确评估拟上市企业内在价值，进而提升上市效率。在第二层委托代理关系中，拟上市企业作为委托人，询价对象作为代理人。询价开始后，投资价值报告不再公开提供，形成信息不对称。拟上市企业向询价对象输送利益，并与询价对象形成合谋。新股上市成功后，拟上市企业得到更多的募资金额，询价对象获得更多的发行费用。所以，询价对象积极包装拟上市企业，甚至有的承销商指导拟上市企业进行盈余管理的财务包装，以及在上市前突击申请专利以传递研发能力信号。第二层委托代理关系引发的合谋行为，引发机构投资者报高价的行为，负向影响新上市企业的长期收益率，并导致投资者的收益损失（冯琳，2018）。

2.2.3　专利竞争优势理论

专利竞争优势理论是竞争优势理论和资源基础理论在专利方面作用的具体化。竞争优势理论和资源基础理论认为异质性资源是企业获得竞争优势和超额利润的物质基础，是企业独有的战略资源。而专利作为企业研发的知识产权成果，能够被企业独占享有，能够使企业在市场竞争中处于优势地位。

1. 竞争优势理论

竞争优势是企业战略发展的关键要素。国内外学者对竞争优势的定义大概分为两种：一种将竞争优势定义为竞争结果即获利能力，如果企业在同行业竞争中能获得更多的绩效和利润，企业竞争优势越强。美国经济学家张伯伦（Chamberlin，1933）首次在著作《垄断竞争理论》中提出"竞争优势"的概念，阐述竞争优势对企业生产和发展的重大意义。另一种则将竞争优势定义为独特的、难以复制和替代的获利资源，拥有这种资源企业可以创造更多的价值。波特（Porter，1985）提出不管采用低成本战略还是差异化战略，企业必须拥有独特、可持续的竞争优势，才能创造更好的产品、取得更好的业绩。巴尼（Barney，1991）认为在实施战略过程中，如果企业的经营行为不能被现有或潜在竞争者复制，企业就具备了竞争优势。周晓东和项保华（2003）认为竞争优势是企业地位和能力的表现，企业可以利用其竞争优势获取超过竞争者的利润。不难看出，学者们一致认为，企业只有具备较强的竞争优势，才可能获得超额利润并得以存续发展，竞争优势是每一个企业发展壮大的必要条件。

竞争优势理论逐步向外生和内生两个方向发展。外生竞争优势理论认为外部环境、产权制度等因素决定企业竞争优势，而内生竞争优势理论认为企业内部拥有的资源和能力才是企业竞争优势的决定因素。20 世纪 90 年代，熊彼特增长理论（Schumpeterian growth theory）兴起，打破了传统新古典增长理论的技术外生性假设，认为技术创新是内生的，创新和资本积累均是技术创新的重要支撑，企业创新研发是为了获取超额利润（Dinopoulos and Se-ner, 2007）。新经济增长理论认为经济增长受参与者的最优决策行为的影响是内生的，并且政府可以影响参与者的最优行为，干预经济增长。熊彼特增长理论和新经济增长理论克服传统理论的不足，提出竞争优势内生观点，但是，随着社会发展，竞争优势越来越受诸多因素的共同影响，单一的外生性或是内生性观点已经难以解释企业竞争优势的形成。专利作为一种获利能力强且难以替代的获利资源，集内生性与外生性于一体，在企业价值增长中凸显愈发重要的地位和作用，成为企业竞争优势的重要基础之一。

2. 资源基础理论

资源基础理论（resource-based theory，RBT）有两个假设前提：一是，处于竞争地位的同类型或同行业企业掌握的资源具有异质性；二是，异质性资源在企业和市场之间不易自由流动和模仿复制，异质性资源才可能长期专属于该企业（Ray et al. , 2004）。资源基础理论认为企业管理层通过合理使用稀缺的异质性资源，构建起企业品牌护城河，进而形成企业独特的竞争优势（Porter, 1985）。

战略要素市场的不完全竞争性决定企业的竞争优势，企业应选择所拥有的特质性资源构建并维持企业竞争优势。然而，并不是所有资源都可以成为企业构建竞争优势的对象，成为企业竞争优势的异质性资源，必须具有价值性（valuable）、稀缺性（rare）、难以模仿性（inimitable）和不可替代性

(nonsubstitutable)，并且被企业很好的组织和利用（organization）（Barney and Arican，2001），以上几个方面因素综合形成资源基础理论的 VRINO 框架，并成为分析异质性资源能否成为构建企业竞争优势基础的研究思路。在判断一项资源是否足以构建企业竞争优势时，首先，考察这项资源是否有价值，是否能够有效降低企业成本，带来更多收入；其次，考虑资源是否具有独特性和稀缺性，是否能使企业脱离共有资源带来的竞争均势；再次，考虑资源的难以模仿性和不可替代性，如果不具备难以模仿性和不可替代性，企业可能会暂时获得竞争优势，但是其他企业可以通过学习模仿和资源替代迅速追赶上来；最后，还要考虑有高效的管理层组织利用这些资源创造企业竞争优势。

资源基础理论强调企业自身拥有的资源在企业竞争优势构建中的重要作用，是内生竞争优势理论的进一步发展，很好地解释了内生资源在优秀企业成长中发挥的效用。专利是发明者智慧和经验的结晶，毫无疑问具有价值性和稀缺性，是企业的一种异质性资源，可以为企业构建独特竞争优势。但是，专利授权后即公开技术内容，容易被他人抄袭模仿。知识产权保护制度很好地解决了专利的抄袭难题。因此，专利作为企业竞争优势的资源基础，需要有知识产权保护等外部规则的激励。

3. 专利竞争优势理论

专利是衡量技术进步的常用指标，较为客观地展示了企业的创新竞争优势。这主要是因为专利作为一种战略要素，兼具价值性、稀缺性、难以模仿性和不可替代性等特点，能够在竞争中获取优势和先机（Barney and Arikan，2001）。专利竞争优势理论发展了竞争优势理论和资源基础理论，吸引了越来越多的学者进行相关研究。在知识经济时代，专利权人通过专利布局实施积极的专利战略，除了在竞争中抢得先机之外，还能够发掘新的利润增长点，构建封锁性壁垒，进而垄断和开拓国内外市场（Blind et al.，2006；Torrisi et al.，2016；Jell et al.，2017）。专利竞争优势理论认为，企业是知识的集合体，知识是企业核心能力的基础，核心能力是使企业独具特色的知识体系。企业积极投入研发并申请与生产经营相关的专利，有利于企业保持竞争优势，将专利知识运用到企业日常活动中，以获取更好的收入和利润，取得较好的经济后果。

2.2.4　加速化陷阱理论

加速化陷阱（acceleration trap）是由德国经济学家冯·布朗（Von Braun）在 20 世纪 90 年代提出的，主要是指企业进行过多研发产出的专利并不能提升企业竞争优势地位和改善公司经营业绩，创新周期的缩短会导致企业陷入螺旋化的专利竞争，并导致公司收入和利润远不及研发投入成本的现象。布朗（1990）选取 1978~1990 年欧洲、美国和日本 30 家具有代表性的电子电气公司进行研究，发现 30 家公司在这个时期的收入为 5810 亿美元，利润为 226 亿美元，然而他们的研发投入却远超过利润的两倍，达到 466 亿美元，占销售额比例高达 8%。

研发远高于利润的情况并不是一开始就有。西方发达国家的研发投入在第一次世界大战后开始发展，并在第二次世界大战后加速。美国作为战胜国联盟领袖并且本土未受战争侵扰，一跃成为世界经济、科技和军事的领袖。1964 年，美国研发经费是其他 8 个西方发达国家总和的 3 倍，为了避免因为技术落后而“成为美国的殖民地”，除英国外的所有经济合作与发展组织国家（Organization for Economic Cooperation and Development，OECD）卷入了追赶美国的专利竞赛中。截至 20 世纪 80 年代，全世界 85% 的研发由 OECD 的 24 个国家展开，其他 15% 基本为苏联及其卫星国用于军事和航天的研发[①]。布朗（1990）选取的 30 家公司曾经普遍的情况是利润高于研发，直到 20 世纪 80 年代初期两者还基本相当。1984 年左右开始，研发费用持续攀升和利润停滞不前改变了利润高于研发的状况，30 家公司只有 IBM 公司和三菱公司利润高于研发，其他 28 家都处于“亏损”状态。北美公司研发和利润基本“持平”，10 家欧洲公司表现最糟糕，属于“亏损”最严重的企业。布朗（1990）进一步研究发现，这 30 家公司中除了索尼和惠普，其他 28 家企业销售增长率也是远低于对应年份的研发费用增长率。

---

① 布朗. 创新之战 [M]. 北京：机械工业出版社，1999.

布朗（1990）认为造成 30 家欧美日公司利润不及研发的普遍现象，其原因是企业研发陷入了加速化陷阱。人们习惯将企业创新能力等同于产品新颖性和企业高技术形象，公司管理层避免在专利竞争中落后，丧失市场竞争力和客户，总是投入大笔资金以确保有新的业务和收入。同时，企业管理层意识到缩短产品生命周期可能会带来收入的增长，进一步加快新技术和新产品的研发。然而，产品更新换代最多能带来一次经营业绩的提升，反复使用将带来负面效应。缩短产品生命周期可以带来最初的销售增长，但是消费者的购买力是有限的，随着产品生命周期越来越短，久之形成创新饱和（innovation saturation）与购买阻力，销售高峰过后会出现一段持续时间更长的销售剧跌。由于市场拉动、技术推动和竞争驱动，管理者们不得不因为竞争对手的持续研发投入而不间断地加大自身研发投入，研发投入逐步超过利润，企业研发被迫进入一个上升螺旋（escalation spiral）。研发加速的选择犹如博弈论中经典的囚徒困境，各个公司都会出于自身利益考虑，选择偏离最大社会福利的研发决策，市场对这种研发上升螺旋缺乏有效的制动装置，研发"加速化陷阱"形成并对企业造成越来越大的损害。

第3章

制 度 背 景

3.1　我国专利制度与专利发展

3.1.1　我国专利审查制度

专利制度最早发源于中世纪欧洲，传入我国已有一百余年，而我国正式建立专利制度，仅有三十多年的历史。专利是伴随社会经济发展而出现的一种法律产物，改革开放后的经济环境和外贸局势，促成我国在1984年颁布了第一部《中华人民共和国专利法》（以下简称《专利法》），于1985年正式开始实施。1984年版《专利法》存在诸多不完善的地方，再加上我国重返关贸总协定谈判以及签订贸易知识产权协定（Agreement on Trade – Related Aspects of Intellectual Property Rights，TRIPs），我国修订出台了1992年版《专利法》。1992年版《专利法》修改了与TRIPs协定不一致的地方，诸如扩大专利保护的范围，增加对进口产品的专利保护，同时首次规定我国发明专利保护期限为20年，实用新型专利和外观设计专利的保护期限为10年（此项规定一直沿用至今）。1992年的修订很大程度源于中美之间的贸易摩擦，而2000年的修订则主要是为了顺应中国加入世界贸易组织（WTO）的需要，履行入世承诺。2000 年修订的《专利法》增加了知识产权保护力度并加大了侵权范围和赔偿数额，一定程度上促进了我国专利数量的增长。党的十四大明确提出建立现代企业制度，将知识产权的价值和重要性显现出来，2000 年《专利法》进一步规定专利"许诺销售"①、专利无效和复审等问题，以适应社会经济建设需要。2006 年我国提出"增强自主创新能力，建设创新型国家"的战略任务。在此背景下，2008 年版《专利法》应运而生。2008 年版《专利法》着重强调提高专利质量，显著提升专利"新颖性"和"创造性"的要求。第三次修法目的显著不同于前两次，前两次修法是为了加入 WTO 并与国际专利制度接轨，第三次修法是从我国自身发展需要出发，基于提高我国自主创新能力水平和建设创新型国家的需要出发。2020 年 10 月 17 日，我国第四次修订了《专利法》，第四版的《专利法》加大了对侵权行为的打击，明确了职务发明归属，并针对我国沉睡专利过多的现象制定了专利转化的办法。相对而言，第四版《专利法》在专利保护力度和专利转化率方面给予了更多关注，有利于专利发挥竞争优势基础资源的促进作用。

当前，我国适用的专利法律是 2020 年《专利法》及其配套的《专利法实施细则》《专利审查指南》等法律规章。根据专利法律规定，我国的专利分为发明专利、实用新型专利和外观设计专利。发明专利的审查标准最高，要求同时具备较高的"新颖性""创造性""实用性"。相对于实用新型专利和外观设计专利，发明专利需要经过实质审查后才能授权，实用新型专利和外观设计专利通过形式审查即可授权。发明专利申请在初步审查符合条件的，自申请日起 18 个月公布，也可以根据申请人的要求提前公布。公布后，申请人可以从申请日起 3 年内要求进行实质审查，实质审查可能包括第一次审查和再次审查，当审查员有疑问时，还可能有会晤、取证、修改等程序，

---

① 许诺销售（offering for sale），是指以做广告、在商店橱窗中陈列或者在展销会上展出等方式作出销售商品的意思表示。目前，世界贸易组织成员方的立法中均有许诺销售的相关规定。2000 年修正的《专利法》第十一条增加了许诺销售作为发明专利和实用新型专利侵权的情形。通过新增"许诺销售"行为，《专利法》扩大了专利权的效力范围，增加了权利人制止专利侵权行为的机会，可以在没有发生事实上的销售行为之前寻求法律救济。

程序复杂且耗时较长。实质审查通过后方可获得授权；若没有申请实质审查又没有缴纳专利维持费，则视为专利撤回。发明专利的高要求和复杂性特征，导致申请、公开到授权的时间长达 3～4 年甚至更多（张杰和郑文平，2018）。实用新型专利和外观设计专利由于要求相对较低并且只有形式审查，其申请到公开（公开即授权）最长仅需要 18 个月（张杰和郑文平，2018）。根据《专利审查指南》要求，实务中实用新型专利和外观设计专利通常在申请后 3～6 个月即可授权。如果专利在初步审查和实质审查中被驳回申请，申请人可以在驳回决定后的 3 个月内提请复审，专利复审委员会组织 3～5 人依法进行复审；专利授权后，利害关系人认为已授权专利侵犯自己已有专利形成损害的，可以提起无效宣告程序，专利复审委员会经审理后作出维持专利、部分无效或者全部无效的决定。

我国专利制度还包含专利申请各环节的缴费规定。自专利申请日起 2 个月内或者收到受理申请书 15 天内，申请人缴纳优先权要求费和申请附加费以及发明专利的公布印刷费；发明专利申请还有实质审查费，自申请日起 3 年内缴纳，3 年内尚未申请实质审查的，需要缴纳专利维持费，否则视为专利公布后的主动撤回。专利从获得专利授权当年开始须按时缴纳年费，缴费期限从申请日起算。此外，专利缴费还包括延长期限请求费、恢复权利请求费、复审费、无效请求费、各项变更费等。在规定的期限内未能缴费的，会相应引发专利无效、视同撤回、撤回复审或专利无效请求的法律效果。

3.1.2　我国专利发展概况

我国专利制度自 1985 年正式建立起来后，民间申请专利的热情被调动起来。1985 年《专利法》实施当天，专利局就收到 3455 件国内外专利申请。专利制度建立后，我国专利活动迅速活跃起来，专利申请数量和授权量以指数级态势"爆炸发展"（詹爱岚和翟青，2013；谭龙等，2018）。2008 年我国在修订《专利法》的基础上提出国家知识产权战略纲要，2011 年我国就已成为世界最大专利申请国（世界知识产权组织，2012）。根据《2018 年中国知识产权发展状况评价报告》显示，2010～2018 年我国知识产权综合指数逐年提高，知识产权水平快速提升，处于世界中游，与世界知识产权强国差距进一步缩小。2019 年，我国发明专利、实用新型专利和外观设计专利的申请量分别为 140.1 万件、226.8 万件和 71.2 万件。2020 年 4 月 27 日，世界知识产权组织报告显示，我国 2019 年 PCT 国际专利申请量为 5.899 万件，超过美国跃居世界第一。中国的专利激增引起中外学者和实务界人士的讨论，并引发了"专利泡沫"的质疑（张杰等，2016）。

中国近年来专利申请数量的激增，既包括本国领域内中外专利申请者的专利申请，也包括中国申请人在国外的专利申请。市场占有和竞争威胁是国外企业增加在华专利申请的主要因素（Hu，2010）。中国专利法修改引致的专利保护水平提升、技术水平进步、市场吸引力增加是国外企业在华申请专利的主要客观因素（杨中楷和孙玉涛，2008）。中国申请者除了在国内大量申请专利外，也在国外积极申请全球专利。申请国外专利的中国公司，多是出口导向型公司，或者从事的业务与出口高度相关（Eberhardt et al.，2011）。

相对于国外申请者在华申请专利和中国申请者在国外申请专利，中国申请者在国内申请专利的数量更为庞大，国内专利激增的成因也更引人关注，国内外学者从各个层面对国内专利激增的原因展开研究。胡和杰斐逊（Hu and Jefferson，2008）使用我国 1995～2001 年的大中型企业专利数据，发现外国直接投资（foreign direct investment，FDI）、专利制度改革和国有企业改革是引发专利增长的重要原因，研发投入的增多对专利产出影响不显著。刘等（Liu et al.，2013）归纳出五类专利激增的原因，分别是：专利制度完善、政府资助政策、专利代理服务、知识产权保护及高新技术资格认定。詹爱岚和翟青（2013）梳理国内外研究后也提出 7 个方面的原因，并认为创新政策支持尤其是专利资助项目有重要作用。付晔（2010）、傅利英和张晓东（2011）分别从正反两方面解释了高校专利剧增的原因，付晔（2010）认为高校教师追求自我实现的内部原因及政府外部的鼓励均带动了高校专利的激增，而傅利英和张晓东（2011）则认为高校专利申请激增是高校教师为申请职称和完成任务目标导致的。1985 年我国正式实行专利制度以来，专利法经过多次修改完善，国内专利保护执法力度加强。结合中国改革开放后经济发展、综合国力提升等这些外部环境利好因素，必然会促进专利事业迅速发展，使得专利发明数量与中国国际地位相匹配。1985 年颁布以后，专利法分别在 1992 年、2000 年、2008 年和 2020 年经历了四次修改，每一次修改都参照国际专利制度，加强了我国专利的知识产权保护力度。叶静怡和宋芳（2006）、谭龙和刘云（2014）分别研究了第二次和第三次修改专利法对专利申请量的影响，发现制度修改促进了专利产出。李伟（2010）则直接指出"专利爆炸式增长"是由我国专利保护强化、制度自身缺陷和专利审查过程中追求效率导致的。

然而，爆炸式的专利增长背后，有着"量大质低""低端锁定""策略性申请"的隐忧。中国政府在高科技产业中选择"优胜者"进行资助（Howell，2017），但是实践证明，中国一系列关于专利法律的规定和刺激专利增长的政策，在实践中的效果并不理想（Hall and Harhoff，2012；Howell，2017；黎文靖和郑曼妮，2016；申宇等，2018）。2018 年我国发明专利维持年限达到 6.4 年，相比发达国家还有一定距离。目前我国新申请专利和存量专利中发明专利占比依然较少，绝大多数专利依然是实用新型专利和外观设计专利。2019 年，我国发明专利授权比例仍然低于国外主体在我国的发明专利授权比例，截至 2019 年，国外主体在我国申请的发明授权比例为 23%，远高于我国国内主体 6% 的比例。此外，我国专利维持年限普遍较短，专利转化率偏低。国家知识产权局报告显示，我国专利维持时间普遍低于 3 年，在专利最长保护年限内存活的专利不到 1%。同时，我国专利转化率偏低，特别是高校专利，远低于西方国家专利转化水平。[①]

3.1.3　我国专利激励政策[②]

专利由于其知识外溢的特征，具有显著的外部性，带来社会总体福利增加的同时，发明者很难收回研发投入的全部成本，由此导致再次创新的激励

---

① 资料来源：笔者根据国家知识产权局数据库整理得出。
② 宋河发. 面向创新驱动发展与知识产权强国建设的知识产权政策研究［M］. 北京：知识产权出版社，2018.

不足 (Arrow, 1962; Bloom et al., 2013)。各国通常是采用专利补助、税收优惠等财政方式激励创新专利研发 (Martin and Scott, 2000; Ozcelik and Taymaz, 2008)。我国也针对专利发展制定了一系列激励政策，主要体现在财政投入、税收优惠、政府采购和知识产权投融资四个方面 (宋河发, 2018)。

第一，知识产权财政投入。财政投入主要包括财政资金投入和专利资助补贴，又分为中央和地方的专利补贴。我国于 2009 年设立中央专项补贴，直接补贴向国外进行申请的专利，财政部于 2011 年制定细则完善了专利资助补贴的各项制度。地方专利补贴政策于 2009 年在上海率先出台，随后，各省陆续出台相关规定。截至 2013 年，我国全部 31 个省区市均建成了专利资助体系，表明专利资助体系已完全覆盖我国。中央和部分地区的专利资助政策在发展过程中，经历了多次完善更新。

第二，知识产权税收优惠。税收能够多方面影响企业经营决策，促使企业更多投入创新研发，提升企业和国家的竞争力与创新水平 (Cozmei and Rusu, 2015)。我国目前尚没有系统的税收优惠规定，但是制定了诸多涉及专利的税收优惠政策。企业方面的税收优惠政策主要是所得税优惠政策，包括高新企业资质认定、研发加计扣除、技术转移所得税优惠等。《高新技术企业认定办法》规定，达到高新技术企业认定的，企业所得税减按 15% 税率执行。研发加计扣除政策从 1999 年开始实行，允许企业将创新研发的费用税前以 150% 加计扣除。2006 年、2007 年和 2015 年，国家多次调整加计扣除政策，对创新研发支持的力度逐步加大。

第三，知识产权政府采购。政府采购能够有效分担企业研发成本，减轻企业融资约束，同时也给外界传递积极信号。我国曾经建立起较为完善的政府采购政策体系，但是，迫于国际压力，我国于 2011 年 7 月全面停止执行政府采购对创新产品促进的政策 (宋河发, 2018)。

第四，知识产权投融资。中共中央和国务院出台相关规定，要求各级政府推动包括专利在内的知识产权配套金融服务，提高专利对经济社会发展的贡献。实务界在探讨专利价值和估值的基础上，积极推动专利质押、专利转让等形式的金融服务，优化了企业融资渠道，为企业进一步发展提供了更多的金融资源。

3.2　我国股票发行制度变迁

我国资本市场始建于 20 世纪 90 年代。三十多年来，我国股票发行制度先后经历了主流发行制度的三种形式：审批制、核准制和注册制。当前，我国资本市场核准制和注册制并用。自 2000 年我国实行核准制以来，IPO 高溢价、"壳资源"炒作、优质企业上市难等现实问题，迫使我国于 2020 年开始试行注册制。在既往核准制发行制度下，由于上市程序繁多、耗时较长等因素，优质企业无法在国内实现上市目标，纷纷转投美国和香港市场，不利于我国资本市场的健康发展。

我国证券发行体制经历了三种不同体制，分别对应不同的市场发展阶段，具体发展变化过程如图 3.1 所示。1991~2000 年是审批制阶段，又可以划分为地方审批、额度管理和指标管理阶段。1993 年之前，中国还处于浓厚的计划经济氛围中，地方政府直接负责股票的发行和监管，资本市场受制于计划管控而缺乏发展空间。1993~1995 年，额度管理模式登场，上市额度由当时的国家计委分配到地方，再由地方推荐选择符合条件的优秀企业。1995~2000 年，指标管理替代额度管理模式，比额度管理进步的方面是，指标管理采用"总数控制，限报家数"的监管模式，发行监管部门将指标分配给各个省份，而各个省份在总的数量指标限制下，优中选优，推荐优秀企业上市。然而，指标管理模式计划管控的行政色彩依然严重，上市定价完全受政府控制，当然，这也是和当时的经济发展状况相匹配。

审批制具有较浓的计划经济成分，与我国市场经济转型的背景不相符，国家在 1998 年《中华人民共和国证券法》（以下简称《证券法》）中规定了股票发行由国务院证券监督管理机构核准，由此拉开了我国股票市场核准制的大幕。核准制发展分为通道制和保荐制两个阶段。2001~2004 年，我国股票市场发行采用通道制。虽然 1999 年《证券法》就已规定了核准制，但是，核准制在 2001 年 3 月后才真正得以实施。通道制背景下，证监会引入

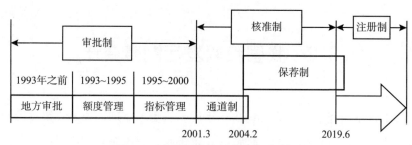

图 3.1　中国证券市场发行制度变迁

资料来源：潘敏 . 中国股票发行注册制改革问题研究 ［C］. 武汉：武汉大学，2015.

承销商作为中介机构，规定每家承销商的通道数量，拟上市公司选定一家承销商，在通道中排队，承销商只有完成前一家企业上市后才能开始对通道内下一家企业的上市进行推荐。所以，承销商会选择优质企业进行推荐。因此，这个阶段的上市审核制度更加市场化，上市定价效率相对提升。2005 年开始，我国上市审核制度再次发生变化，开始采用保荐制。2005 年，《证券法》修改增加了保荐人制度，股票发行需要保荐机构和保荐代理人双重保荐，加强了中介机构的责任和权限，定价方式使用询价制度。保荐制的实行，进一步淡化我国股票发行制度的行政色彩，突显了股票制度改革的市场化倾向。

从 2001 年开始实施至今，核准制在经济发展中发挥了重要作用，股票发行制度的行政化色彩逐步减弱，市场化程度显著提高。然而，随着我国市场经济的进一步发展，核准制的弊端逐渐显现。第一，权力寻租。核准制下，证监会下辖的发行审核委员会代表政府承担实质审查的职能，由此导致公司上市时间长、程序繁琐，诱发了大量的寻租行为。地方政府给予企业补助以加快上市进程的行为，反而导致效率低下（王克敏等，2015）。第二，包装过度。拟上市公司为了符合上市要求的业绩指标，大量实施盈余管理以增加上市成功概率，隐藏企业资产风险导致价值高估，损害了投资人利益。第三，代理问题导致利益合谋。中介机构和发行人容易为了超额募资形成利益合谋，发行人获得超额估值的同时满足了中介机构更多发行费用的需求。

第四，畸高的市场定价。中介机构和发行人在利益合谋下，推高定价，操控询价过程。此外，核准制还有"壳资源""概念炒作"等市场异象。核准制形式的股票发行制度，已经不能适应经济和金融市场发展的需求。理论界和实务界都迫切需要更加市场化的注册制股票发行模式。

2020 年 7 月 22 日，科创板开板，注册制正式进入我国股票发行市场；同年 12 月 28 日，《证券法》（2019 年修订版）将注册制以法律形式固定下来；2020 年 8 月 24 日，创业板引入注册制发行制度，标志着注册制已和核准制一样，成为我国当前股票发行市场的主流审核制度。相对核准制而言，注册制的市场化水平更高，体现了"自由最大化、市场最大化、监管最小化"的特点。核准制要求企业发行股票时充分公开企业的真实情况，还必须符合法律法规和主管机关规定的条件，证券主管机关有权否决不符合规定条件的股票发行申请，体现了行政权力的参与，是一种"国家之手"的干预行为。而注册制则是企业申报发行时，必须依法公开各种资料，并确保资料的完整和准确，体现"市场之手"的自我调节。核准制与注册制的最大区别在于发审委是否对公司价值作出实质性判断，两者形式和审核过程的区别分别如表 3.1 和图 3.2 所示。

表 3.1　　　　　　　　　　核准制与注册制的主要区别

类别	核准制	注册制
发行成本	高	低
发行效率	低	高
发行监管性质	中介机构和证监会分担实质性审核的职责	中介机构实质性审核证监会形式审核
审查方式	形式审查与实质审查	形式审查
是否对公司作出价值判断	是	否
对发行作出实质性判断的主体	中介机构，证监会	中介机构

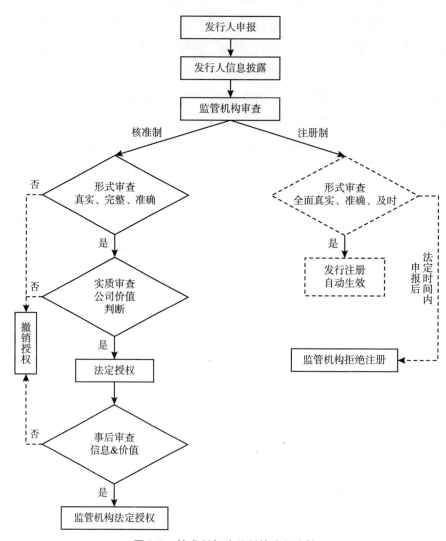

图 3.2　核准制与注册制的流程比较

资料来源：潘敏. 中国股票发行注册制改革问题研究［C］. 武汉：武汉大学，2015.

3.3　创业板发展与科创板开板

3.3.1　国外创业板发展经验

海外创业板经历了三个时期的发展，分别是 19 世纪～20 世纪 50 年代的萌芽时期、20 世纪 60 年代～80 年代的起步时期和 20 世纪 90 年代以来的发展时期（吴晓东和顾文军，2019）。萌芽时期的创业板主要出现在美国，以店头市场或是地方交易所的形式出现。后来随着通信手段的进步，大公司集中到纽约交易所交易，小公司上市更多选择场外市场，地方交易所逐步衰落。20 世纪 60 年代～80 年代，资本主义各国纷纷陷入滞胀，各方期待中小企业能够成为经济增长的创新力量，创业板市场纷纷兴起。然而，这个阶段的创业板市场大多数是不成功的，只有美国和日本的创业板市场是这个时期为数不多的成功案例，尤其是美国的纳斯达克（National Association of Securities Dealers Automated Quotation，NASDAQ）。纳斯达克成为包括我国在内的世界各国建设创业板的学习典范。

20 世纪 90 年代后，创新和科技成为"知识经济"时代的重要主题。中小企业和创业板都迎来发展的重要时机。美国纳斯达克市场继续发展，股票交易量在 1994 年超越纽约证券交易所，俨然成为独立的主板市场。创业板的发展，使其逐步成为经济发展的"晴雨表"。2000 年三季度开始的全球经济调整，早于主板率先反映在美国纳斯达克市场、日本佳斯达克市场（Japanese Association of Securities Dealers Automated Quotation，JASDAQ）和英国另项投资市场（Alternative Investment Market，AIM）等创业板指数上，全球创业板"齐头并跌"，市场规模和交易量大幅萎缩。2005～2007 年，创业板建设运营进入优化复苏阶段，创业板的融资和投资功能基本恢复，海外主要创业板纷纷推进优化创业板上市进程。2008 年美国"次贷危机"引发全球金融危机，2009 年希腊引发欧洲主权债务危机，海外创业板建设进入震荡调整阶段。各国创业板指数大幅回落并持续震荡；各国创业板上市进程放缓，融资规模骤减；创业板市场建设进展缓慢；各国创业板之间，甚至创业板和主板之间争夺优质上市资源的竞争更为激烈（黄福宁和闻岳春，2013）。

海外创业板的发展历程为我国建设创业板提供了宝贵的经验和教训。一是统筹设计做好创业板顶层规划和制度建设，增大我国创业板吸引力；二是适当加强上市审查的标准，提高退市制度的完备性和可操作性，确保上市公司质量；三是优化上市公司行业结构，结合既往单一科技股受泡沫冲击更严重的经验教训，行业结构优化的市场更能够抵御风险冲击；四是提升创业板公司的风险意识及其风险管控能力。

3.3.2　我国创业板发展历程

创业板市场（Growth Enterprise Market，GEM）是我国多层次资本市场的重要组成部分，主要支持"六新""两高"企业的发展，即促进"新经济、新服务、新农业、新材料、新能源与新商业模式"和"高成长性、高科技含量"企业的发展。创业板又被称为"二板市场"（second board），主要是相对主板市场（main market）而言，主板市场主要吸纳发展较为成熟的大中型企业，创业板吸收对象定位为具有高创新性和高成长性的初创中小型高科技企业。由于中小企业自身规模小、有形资产较少，不能为贷款提供有效抵押（Hall and Lerner，2010）；又由于创新研发本身具有的长周期性、高不确定性和高风险性的特征，中小企业往往面临着更严重的融资约束（解维敏和方红星，2011）。创业板承担着为新兴公司融资的任务，不少优秀的公司从创业板脱颖而出，创业板的诞生为我国科技创新进步和社会经济发展做出了巨大贡献。我国创业板市场于 2009 年 10 月 30 日开板，2019 年迎来开板十周年纪念。经过 10 余年的发展，截至 2019 年 9 月 30 日，创业板上市公司从 28 家上升至 775 家，其中高新技术企业占比 93%，战略新兴产业占比 71%；日成交量从 1 亿股发展到 100 亿股；市值从 0.14 万亿元上升至5.7万亿元；培育出116家百亿企业，5家千亿企业[1]。截至2020年12月31日，创业板总市值已达10.97万亿元，占A股总量的2.99%，创业板发展为企业创新提供了更多的资金来源[2]。

我国创业板市场的成立和发展离不开对海外创业板的借鉴和参考。随着改革开放的深入和社会经济的发展，我国新兴中小企业迫切需要"中国版"的创业板市场。21世纪初，我国正处于产业升级和全面调整阶段，中小企业有20余万家，其中不少属于高新技术产业，具有较高的创新活力。此外，中国居民的高储蓄率也为创业板诞生创造了条件，巨量的民间财富需要合适的投资渠道（巴曙松，2009）。这些客观情况都有利于我国创业板市场的推出。

我国创业板公司具有风险性高、成长性高和不确定性高的"三高"特征，上市企业大多是成长型中小企业和高科技企业，其成立时间不长，规模一般较小，也没有太高的业绩。但是这些公司具有较高的创新性和成长性，新技术、新发明构成企业主要的无形资产，他们往往能够成为新兴高科技行业的开拓者和引领者。除了主要接纳目标定位于成长型中小企业和高科技企业外，创业板同时也吸收其他具备发展潜力的企业。高科技企业具有明显的生命周期特征，容易产生周期性波动风险，进一步阻碍市场流动性。借鉴世界其他国家创业板建设失败的经验，我国创业板市场为了降低风险，增强流动性，除了坚持中小企业成长性和创新性作为选择标准之外，将具有发展潜力的中小企业也纳入创业板范围。创业板改变了主板市场大部分定向服务大中型国企的计划经济模式，充分激发创业者和投资者的热情，优化社会资源在行业间的配置，较大地提升了我国的创新水平。

我国创业板市场从筹备至今，经历了大致四个阶段。

第一阶段（1984~2006年）是我国创业板市场的萌芽筹备期。早在1984年，国家科委就提出成立创业投资金融交易平台的设想。1998年3月，著名经济学家、"创业板之父"、民建中央主席成思危代表民建中央向九届

---

[1] 创业板开板十周年关键词：5.6万亿、775家、19只10倍牛股［EB/OL］. 新浪财经，2019 - 10 - 23.

[2] 资料来源：笔者根据Wind数据库整理得出。

政协提出"一号提案":关于借鉴国外经验,尽快发展我国风险投资事业的提案,我国创业板建设正式提上日程。2000 年新年伊始,深交所开始了创业板成立的各项制度设计和培训工作,创业板开板进入倒计时;5 月,国务院同意证监会设立二板的意见并定名为创业板;10 月开始,深交所暂停主板 IPO 为创业板让路。就在创业板即将揭开面纱登台之际,包括美国纳斯达克市场在内的全球创业板指数和科技股大幅下跌。成思危建议国务院暂缓推出创业板,创业板开板就此搁置。

第二阶段是创业板开板(2006~2009 年)。2000 年纳斯达克的神话破灭,创业板发展进入低潮。2001 年,成思危提出小"三步走"建议,提议先成立中小板,再由中小板过渡到创业板。2004 年 5 月 17 日,中小企业板经国务院批准后正式成立。2007 年 6 月,创业板框架基本明确;2008 年 2 月,主要制度和规则都基本设计完成。2008 年金融危机,各国证券市场都暂停了 IPO 审批。为应对金融危机影响,发展我国中小企业,创业板筹备工作再次启动。2009 年创业板筹备按下"快进键":5 月 1 日,创业板上市管理办法颁布施行;5 月 8 日,创业板上市规则(征求意见稿)发布;6 月 5 日,创业板公司上市规则正式发布;7 月 26 日,证监会开始受理上市申请。2009 年 10 月 30 日,首批 28 家公司上市标志着创业板正式开板,中国创业板进入实质性发展阶段。

第三阶段是震荡调整期(2010~2014 年)。创业板开板后近一年的时间里,创业板充分发挥资源配置的作用,展现其推动企业创新的资本助力功能。但是,随后创业板出现诸多问题,诸如"三高"(高发行价、高市盈率、高超募金额)、高管离职、业绩变脸、"专利门"等乱象,引起实务界和学者们的激烈争论(逯东等,2015)。创业板主要的问题在于:(1)市盈率太高,由此导致高市值。2009 年 10 月 30 日首发上市的 28 家创业板公司市盈率为 82.36 倍,远超主板 28.19 倍的市盈率。创业板市盈率在之后的交易中逐步攀升,一度冲高至 106.04 倍。2011 年 12 月,部分创业板公司市值甚至超过主板大部分公司市值规模。① (2)高发行价引来高超募,超募的

---

① 创业板首批 28 家上市公司"贫富"分化 [EB/OL]. 人民网,2012 – 10 – 24.

大量资金使用及其合规披露，成为创业板上市公司不容回避的管理难题。另外，创业板公司大部分是民营企业，其中不少还是家族企业，高超募资金对其公司治理是一种极大的考验。创业板超募资金违规使用，多次引起监管机构的特别关注。（3）公司高级管理层离职现象严重。部分公司创始人、高管在创业板上市后套取巨额资金后辞职。根据万得客户端（Wind）显示，截至2011年12月底，共有156名董事、监事、董事会秘书、财务总监等高管辞职的信息公开发布。（4）信息披露缺陷引发财务及专利等无形资产的披露问题，本节第三部分具体描述了"专利门"事件的始末。（5）上市前靓丽光鲜的公司业绩上市后迅速变脸。截至2011年12月，业绩变脸公司多达77家，收入远低于自身市值规模，其中12只次新股业绩变脸。基于创业板出现的问题，创业板指数一度下跌，从最高1239点跌到585点，创下开板以来的新低。创业板亟须一场"挤泡沫"式的变革。[1]

第四阶段为我国创业板的改革发展期（2014年至今）。针对"三高"乱象及创业板公司"专利门"事件，证监会于2014年出台一系列改革文件，其中就包括专利披露要求方面的改革。过去的专利信息披露规则，企业可以披露申请的所有专利，包括已经授权的专利和正在申请但尚未授权的专利，新的政策要求企业仅能披露已授权的专利，正在申请未取得授权的专利不得披露。一系列改革文件加强了创业板信息披露的监督，有力地整改了创业板乱象。2014年以后，创业板成立初期的乱象大部分不复存在，我国创业板向着优化资源配置、促进国家创新的方向良性发展，并涌现出不少优秀企业。宁德时代（300750）是国内具有国际竞争力的电池制造商，上市前就已拥有电池方面的专利高达924项，其中境内专利907项，境外专利17项，涵盖电池材料、储能系统等电池相关的所有领域[2]。2018年6月11日上市后，宁德时代借力创业板获得更多的资源，促进企业进一步发展，市值迅速跃居创业板第一位[3]。宁德时代成为特斯拉、丰田等国际知名汽车的合

---

① 资料来源：笔者根据相关新闻和Wind数据库整理。
② 资料来源：宁德时代招股说明书。
③ 宁德时代连续6个涨停后，市值创业板第一［EB/OL］. 二十一世纪经济报道，2018 - 06 - 19.

作供应商，在上市一周年之际，宁德时代入选"2019 年福布斯中国最具创新力企业榜"①；2020 年 1 月 9 日，宁德时代以 1930 亿元位列《2019 胡润中国 500 强民营企业》第 25 位②。

3.3.3 "专利门"事件与 2014 年创业板改革

专利是衡量创业板公司创新的重要指标（刘督等，2016）。核心专利是维持企业发展的重要源泉，创业板发审委十分重视拟上市公司的专利情况（张艳伟，2011）。由于我国创新行为信息的披露有效性不高并且存在不规范问题，中国证监会先后多次发布政策文件，规范公开发行的公司披露行为。针对创业板具有高风险和高成长的特性，我国证监会在 2009 年 7 月发布的《首次公开发行股票并在创业板上市管理暂行办法》中，提出了对创业板拟上市公司信息披露和保荐人责任更高的要求（相较于主板而言）。创业板定位于创新企业和战略性新兴企业，自主创新能力是创业板上市审核重要的考察标准。《创业板招股说明书》对公司核心竞争优势和自主创新能力，特别是发行人的技术创新能力和技术研发状况，提出了比主板更高的要求。《首次公开发行股票并在创业板上市管理暂行办法》（2009 年 5 月 1 日）以及《首次公开发行股票并在创业板上市管理办法》（2014 年 2 月 11 日）均有明文规定："保荐人应当对发行人的成长性进行尽职调查和审慎判断并出具专项意见。发行人为自主创新企业的，还应当在专项意见中说明发行人的自主创新能力，并分析其对成长性的影响"。此外，证监会《公开发行证券的公司信息披露内容与格式准则第 2 号——年度报告的内容与格式》（2012 年修订版）明确规定，报告期内核心竞争力（包含专利、非专利技术等）的重要变化及其影响，应当详尽披露在上市公司在每年财务报告第四节关于"董事会报告/董事局报告"的内容中。政策规定突显了对专利等核

---

① 2019 福布斯中国最具创新力企业榜：华为等 50 家在列｜福布斯中国［EB/OL］. 新浪财经，2019 - 06 - 12.

② 2019 胡润中国 500 强民营企业发布　宁德时代排名第 25 位　居福建省上榜企业第 1 位［EB/OL］. 宁德网，2020 - 01 - 16.

心竞争力内容的重视，实务中的现象也表明，专利可能会以非财务信息的形式侧面传递企业竞争优势信号。一方面，高新技术上市公司将技术创新视为核心竞争力，94.8%的公司在2019年年报中列示了技术创新的内容（何雨晴和丁红燕，2021）；另一方面，创业板开板初期频频曝光的"专利门"事件及其证监会随后颁发的治理"专利门"乱象的文件，都传递了一条潜在的信息。那就是，专利作为公司竞争优势的重要来源，是上市考核和年报考察的关键因素。通过咨询深圳交易所工作人员与实地走访企业和专利事务所，相关人员证实了上述观点。

创业板对专利研发更加重视，开板后不到半年，即曝光系列"专利门"事件，掀开了创业板公司上市前专利申请和披露乱象的一角。苏州恒久（300060）成立于2002年3月27日，并在2009年1月31日整体转换为股份有限公司，其主营业务是研发、生产销售打印机、复印机和多功能一体机上的激光OPC硒鼓。苏州恒久原定于2010年3月19日上市，但由于媒体曝光"专利门"虚假披露事件，苏州恒久和广发证券不得不于2010年3月18日晚宣布终止上市进程。苏州恒久在上市招股说明书中披露其拥有5项已授权专利技术（包括1项实用新型专利，4项外观设计专利）和正在进行的2项发明专利申请，并拥有同行业领先的非专利技术。然而，新闻媒体在上市前夕报道苏州恒久涉及"专利门"：2010年2月24日，国家知识产权局在官网公布苏州恒久的5项已授权专利均因"未缴纳专利年费"而被终止专利权；正在申请的2项发明专利于2008年4月通过实质性审查后因"发明专利申请公布后未缴费视为撤回"而未被授权。创新性和成长性是创业板公司的重要特征，而被视为苏州恒久生存和发展基础的专利均被宣告无效，苏州恒久的行为涉嫌虚假披露，触发创业板首起"专利门"事件（见表3.2）。证监会于2010年4月20日下发紧急通知，要求保荐机构全面核查包括专利、商标等在内的创新信息披露情况，如有变更的，需要及时报告发行部。①

---

① 李小兵. 曾陷"专利门"折戟IPO 苏州恒久六年后再度上会［EB/OL］. 中证网，2016 - 03 - 03.

表 3.2   苏州恒久涉嫌违规专利披露

序号	名称	类型	申请日	专利号	违规原因
1	有机光导体	实用新型	2004 年 12 月	ZL200420058463.5	未缴年费专利权终止
2	有机光导体管体（1）	外观	2004 年 12 月	ZL200430054254.9	未缴年费专利权终止
3	有机光导体管体（2）	外观	2004 年 12 月	ZL200430054255.3	未缴年费专利权终止
4	有机光导体管体（3）	外观	2004 年 12 月	ZL200430054256.8	未缴年费专利权终止
5	有机光导体管体（4）	外观	2004 年 12 月	ZL200430054257.2	未缴年费专利权终止
6	光导体用含高分子材料的新型阻挡层	发明	2004 年 7 月	ZL200410041098.1	专利申请公布后未缴费视为撤回
7	改善有机光导体光疲劳性能的方法	发明	2004 年 12 月	ZL200410066179.7	专利申请公布后未缴费视为撤回

资料来源：笔者根据苏州恒久招股说明书和国家知识产权局专利数据查询整理得出。

苏州恒久"专利门"余温未去，新大新材（300080）成为又一个因为"专利门"而止步上市之门的创新科技公司。新大新材是国内晶硅刃切割器材龙头老大，公司于 2010 年 5 月 5 日发布招股说明书准备于当年 5 月 20 日上市创业板。其竞争对手河南醒狮一连四封举报信，向证监会举报新大新材涉嫌侵犯河南醒狮的专利技术及产品名称，通过提交相应的证据材料，并声称将诉诸法律。2010 年 5 月 19 日，新大新材因专利权纠纷宣布终止创业板上市。2010 年 6 月，与新大新材的坎坷命运相似，松德包装（300173）因同行企业——广东仕诚塑料机械有限公司的"专利抄袭"侵权举报而无缘创业板。2011 年 5 月 31 日，瑞丰高材（300243）刚刚通过发审委审核就被已登陆创业板的同行公司——日科化学（300214）以专利侵权告上法院。[①]

一系列因专利问题而导致创业板公司上市受阻的事件引起了监管部门的注意。2014 年，证监会出台《公开发行证券的公司信息披露内容与格式准则第 28 号——创业板公司招股说明书》，修订专利信息披露的相关规定，要求企业应当披露专利目前的法律状态，已申请但未被授权的专利不再被允

① 梁睿诗. 我国创业板上市公司专利保护社会信用问题探究 ［J］. 2012 (2)：24 – 27.

许披露在招股说明书中。如表 3.3 所示，具体修订有两条，第一，由企业披露"专利"修改为企业需要披露"已取得的专利"，已申请但未授权的专利不能披露在招股说明书中；第二，企业需要披露"专利目前的法律状态"，2014 年证监会政策修订意图规避"专利门"类似事件。对此，本书将考察这一政策对创业板上市公司专利申请行为的影响。

表 3.3　　　　　　　2014 年前后创业板招股说明书披露政策对比

法律条文	公开发行证券的公司信息披露内容与格式准则第 28 号——创业板公司招股说明书	公开发行证券的公司信息披露内容与格式准则第 28 号——创业板公司招股说明书（2014 年修订）
实施日期	2009 年 7 月 20 日	2014 年 6 月 11 日
需要披露的无形资产	商标、专利、非专利技术、土地使用权、水面养殖权、探矿权、采矿权等	商标、**已取得的**专利、非专利技术、土地使用权、水面养殖权、探矿权、采矿权等
无形资产披露内容	数量、取得方式和时间、使用情况，披露使用期限或保护期、最近一期末账面价值	数量、取得方式和时间、使用情况及**目前的法律状态**，披露使用期限或保护期、最近一期末账面价值

3.3.4　科创板开板

自证券交易所建立后，我国多层次资本市场较长时间内处于体制摸索和政策完善的发展阶段，实行核准制的上市审核体系。在核准制下，企业上市门槛和审核要求较高，证券法制体系规定了较为严格的发行和配售机制。作为创新"排头兵"的科技创新企业往往是战略新兴行业中的中小实体企业，业绩较低且很难达到上市要求。证券发行体系缺陷限制了科创企业在境内上市，拥有发展潜力的科技创新公司不得不到海外上市以获取发展资金。科创板的推出有效解决了创新企业难以在内地资本市场融资这一难题。其多元化的上市标准允许尚未盈利但是具有发展潜力的优质公司通过上市科创板为企业发展融资，有效解决公司发展的融资难题。

科创板的推出有较为现实且复杂的制度背景因素。2018 年，我国实体企业遭遇经济寒冬，中小企业生存困难。同时，资本市场的制度越来越不能适应金融支持企业技术创新的功能设定，80%的"独角兽"企业选择了境外资本市场[①]。刘恩（2020）认为造成这种现象的原因主要有三点：一是创新企业无法满足内地资本市场上市的盈利标准要求；二是内地资本市场实行同股同权模式，企业上市后会稀释股东控制权；三是核准制下的上市时间难以估计和把控。在我国经济从高速增长阶段过渡到高质量发展阶段的过程中，更高的创新要求呼唤配套的金融支持服务。在这样的时代背景下，科创板应运而生。

2018年11月5日，习近平总书记宣布科创板推出及注册制试点[②]。2019年1月23日，中央全面深化改革委员会通过《在上海证券交易所设立科创板并试点注册制总体方案》和《关于在上海证券交易所设立科创板并试点注册制的实施意见》两个标志性文件，代表科创板从宣布设立到推广制度，仅用了79天[③]。2019年6月13日，科创板宣布开板；同年7月22日，上交所举办仪式代表科创板正式开市交易。科创板是独立于主板的单独板块，它的成立实现了以更加市场化的机制促进资金在市场内的有效配置。

科创板在多项发行制度上推行改革，有利于"独角兽"企业在科创板上市（刘恩，2020）。在时间控制上，科创板审核时间控制在20个工作日内，更加高效；在盈利标准上，允许未盈利企业申请上市，创新地引入市值概念，使得具备良好潜力的高科技企业有了上市融资可能；在公司治理上，允许同股不同权，创始人不用担心上市而失去企业控制权；在定价模式上，取消发行市盈率23倍的限制，充分发挥市场的估值作用；在股价涨跌幅上，除新股上市后5个交易日内设置20%涨跌幅限制外，其他时间不设涨跌幅限制，有利于合理估值；在退市制度上，取消暂停上市、恢复上市和重新上

[①] 多家"独角兽"赴境外上市，境外上市数量首超境内｜荷兰上市［EB/OL］. 搜狐新闻，2019－04－22.

[②] ［东方时空］习近平出席首届中国国际进口博览会开幕式并发表主旨演讲 习近平强调共建创新包容的开放型世界经济 宣布中国扩大开放新举措 宣布增设中国上海自由贸易试验区新片区 在上海证券交易所设立科创板并试点注册制 支持长江三角洲区域一体化发展并上升为国家战略［OL］. 央视网，2018－11－05.

[③] 重磅！上交所设科创板并试点注册制总体实施方案获批｜上交所［EB/OL］. 新浪财经，2019－01－24.

市，企业退市后不能再次上市，有利于企业做大做强。由于实施一系列市场化改革，科创板提升上市服务水平，有效促进企业长期健康发展，增强了我国资本市场的吸引力和竞争优势。

自推出以来，科创板就受到市场的广泛欢迎，各方表现出对科创板的极大热情，新兴科技企业积极提交上市申请。根据万得数据库（Wind）显示，截至 2020 年 12 月 31 日，上交所已受理 507 家企业申报。从行业分类看，新一代信息技术产业位居第一，共有 188 家，占比为 37%；生物产业共 113家，排名第二，占比为 22%；高端装备制造产业 86 家，排名第三，占比为17%；新能源产业和新材料产业排名第四，共 76 家，占比为 15%；节能环保产业排名第五，共 32 家，占比为 6%；包括新能源汽车产业在内的其他企业共 12 家，占比为 3%。从申报企业类型和数量看，科创板服务对象多为"符合国家战略、突破关键核心技术、市场认可度高"的企业，符合科创板成立的初衷，申报企业行业主要是"新一代信息技术、高端装备、新材料、新能源、节能环保以及生物医药等高新技术产业和战略性新兴产业"（见表 3.4）。

表 3.4　　　　　　　　　　　科创主题统计

科创主题	科创主题明细	公司家数
新一代信息技术产业	电子核心产业	87
	新兴软件和新型信息技术服务	59
	下一代信息网络产业	23
	新一代信息技术产业	2
	互联网与云计算、大数据服务	9
	人工智能	8
新能源汽车产业	新能源汽车相关服务	1
	新能源汽车相关设施制造	1
	新能源汽车装置、配件制造	4
	新能源汽车整车制造	1

续表

科创主题	科创主题明细	公司家数
新能源产业	风能产业	2
	太阳能产业	8
	智能电网产业	7
新材料产业	先进钢铁材料	3
	高性能纤维及制品和复合材料	3
	先进无机非金属材料	7
	先进有色金属材料	14
	前沿新材料	8
	先进石化化工新材料	24
相关服务业	新技术与创新创业服务	3
	其他相关服务	1
数字创意产业	数字创意技术设备制造	1
生物产业	生物农业及相关产业	4
	生物医药产业	66
	生物质能产业	1
	其他生物业	3
	生物医学工程产业	39
节能环保产业	资源循环利用产业	6
	先进环保产业	18
	高效节能产业	8
高端装备制造产业	智能制造装备产业	64
	海洋工程装备产业	1
	航空装备产业	6
	卫星及应用产业	5
	轨道交通装备产业	9
	高端装备制造产业	1

资料来源：Wind 数据库（截至 2020 年 12 月 31 日）。

科创板更注重考察企业的发展潜力和持续经营能力，其上市要求对财务指标的标准设置更为灵活。主板上市通常设置较高的财务业绩指标，而创新科技企业不同于传统行业。由于前期研发投入较多，企业成立后多年无法实现盈利，但是由于其科创性和战略性，自身发展和对国民经济的贡献潜力不容小觑。故而，申报科创板的企业即使在上市前处于亏损状态，只要符合一定的市值规模以及一定的财务标准，也能顺利实现上市目标。根据《上海证券交易所科创板股票发行上市审核规则》第二十二条要求，企业只要符合以下五套市值标准中任意一套，就可以申请上市[①]：

（1）预计市值不低于人民币 10 亿元，最近两年净利润均为正且累计净利润不低于人民币 5000 万元，或者预计市值不低于人民币 10 亿元，最近一年净利润为正且营业收入不低于人民币 1 亿元；

（2）预计市值不低于人民币 15 亿元，最近一年营业收入不低于人民币 2 亿元，且最近三年研发投入合计占最近三年营业收入的比例不低于 15%；

（3）预计市值不低于人民币 20 亿元，最近一年营业收入不低于人民币 3 亿元，且最近三年经营活动产生的现金流量净额累计不低于人民币 1 亿元；

（4）预计市值不低于人民币 30 亿元，且最近一年营业收入不低于人民币 3 亿元；

（5）预计市值不低于人民币 40 亿元，主要业务或产品需经国家有关部门批准，市场空间大，目前已取得阶段性成果。医药行业企业需至少有一项核心产品获准开展二期临床试验，其他符合科创板定位的企业需具备明显的技术优势并满足相应条件。

从申报企业选择的上市标准来看，选择第一套标准的最多，共有 427 家，占比高达 86%；选择第四套标准的次之，共有 31 家，占比为 6%；上市标准二和上市标准五各有 17 家选择，占比均为 3%；选择上市标准三的最少，只有 3 家。另外，选择特殊表决权上市标准一、二的分别有 2 家和 4 家；而选择红筹股上市标准一、二的分别有 1 家和 5 家（见表 3.5）。

[①]　关于发布《上海证券交易所科创板股票发行上市审核规则（2020 年修订）》的通知［EB/OL］.上海证券交易所，2020 – 12 – 04.

表3.5 上市标准统计表

上市标准	公司家数
上市标准一	427
上市标准二	17
上市标准三	3
上市标准四	31
上市标准五	17
特殊表决权上市标准一	2
特殊表决权上市标准二	4
红筹股上市标准一	1
红筹股上市标准二	5

资料来源：Wind 数据库（截至 2020 年 12 月 31 日）。

3.4 创业板专利突击典型案例 *

本部分选取"湖南千山制药机械股份有限公司"（以下简称"千山药机"）与"楚天科技股份有限公司"（以下简称"楚天科技"）作为研究对象，通过研读招股说明书、财务报告和新闻报道，进行双案例对比研究。选取千山药机和楚天科技作为案例企业具有以下原因：第一，相似性。两者同为创业板上市公司，在成立时间、注册地址、业务类别和行业地位方面具有较高的相似性，案例基本信息如表 3.6 所示。第二，典型性。两家公司都是国家高新技术企业，重视研发，并拥有大量专利，其中千山药机拥有授权专利 1100 余项，楚天科技拥有授权专利 1600 余项，并且都获取了"国家企业研发中心""国家科学技术进步奖励"等代表企业创新能力的荣誉与资质。第三，对比性，上市前两家企业选取了不同的专利申请策略，千山药机有明显的专利突击行为，而楚天科技的专利数量在一定区间内呈现周期性波动。

---

* 资料来源：国家知识产权局和上市公司招股说明书。

表3.6　　　　　　　　　　　　　案例企业基本信息

类别	千山药机	楚天科技
成立时间	2002 年 10 月 24 日	2002 年 11 月 8 日
上市时间	2011 年 5 月 11 日	2014 年 1 月 21 日
公司地点	湖南省长沙市	湖南省长沙市
主营业务	注射剂生产设备、大输液生产设备	水剂类制药装备的研发和生产
行业地位	制药装备行业第 13 位	制药装备行业第 5 位
主要资质	2007 年，湖南省省级技术中心 2008 年，国家级高新技术企业 2010 年，博士后科研工作站	2008 年，国家高新技术企业 2010 年，国家企业技术中心，博士后科研工作站，中国驰名商标 2012 年，国家技术创新示范企业
获得奖励	国家科学进步二等奖、湖南省名牌产品、湖南省著名商标、湖南省高新技术产品	湖南省质量管理奖、湖南省国际知名品牌、湖南名牌产品、中国驰名商标、全国五一劳动奖
专利数量	1100 余项（包含基因和烟花专利）	1600 余项

注：主要资质和获得奖励统计时间截至招股说明书公布日，专利数量统计截至 2018 年 12 月 31 日；行业地位来自中国制药装备行业协会统计的 2011 年我国制药装备行业主要企业销售收入排名。
资料来源：国家知识产权局和上市公司招股说明书。

图3.3（a）~图3.3（c）分别从专利总数、发明专利、非发明专利三个方面对比了千山药机和楚天科技成立以来的专利申请情况。从图3.3（a）可以看出，千山药机在上市前夕，专利申请数量明显上升，上市前第2年为49 件，前1年上升至344 件，增长了602%，2011 年上市后，专利数量下跌至61 件，下跌了82%。而楚天科技在上市前5年专利申请数量在200~300件范围内周期性波动，上市后也维持在较高水平。从图3.3（b）可以看出，千山药机发明专利数量始终在低位徘徊，在大部分的时间里楚天科技的发明专利数量均高于千山药机。从图3.3（c）可以看出，千山药机在上市前夕，非发明专利申请数量明显上升，随后下落，楚天科技非发明专利申请数量呈现周期性波动。图3.3（a）~图3.3（c）说明千山药机在临近上市时有明显的专利突击申请行为，在刻意做高专利申请数量，在上市后，专利申请数量大幅下滑，而且千山药机主要通过价值含量低、申请时间短的非发明专利进行突击，而楚天科技的发明专利数量和非发明专利数量协同性较强，没有

明显的专利突击申请现象。图 3.3（d）对比了千山药机和楚天科技的专利质量，从图 3.3（d）可以看出，千山药机上市前的专利价值度①大幅下降，在上市时达到最低点，而楚天科技在上市前专利价值度未出现大幅度下降，说明千山药机上市前的专利突击行为导致了专利质量的下滑。

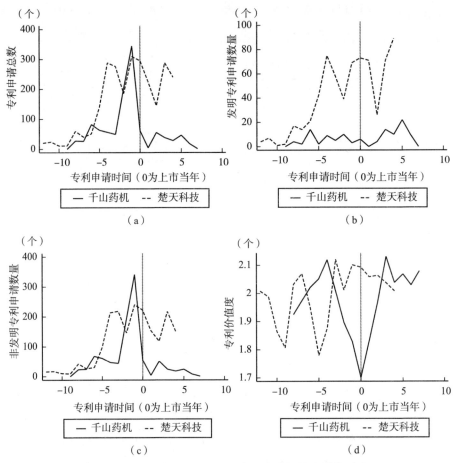

图 3.3　千山药机和楚天科技专利申请数量和质量对比

资料来源：国家知识产权局，经笔者整理。

---

① 专利价值度采用北京合享智慧科技有限公司开发的专利质量评价体系得到，详见本书第五章研究设计对专利价值度的解释。

　　图 3.4（a）和图 3.4（b）对比了千山药机和楚天科技的营业利润，从
图中可以看出，2016 年以来，千山药机业绩连年下滑，2016～2019 年营业
利润均为负，而楚天科技上市后业绩却较为稳健。2018 年 1 月 16 日，由于
信息披露违规，千山药机收到中国证券监督管理委员会下发的《调查通知
书》，2019 年 5 月 13 日千山药机已被证监会暂停上市。2019 年 12 月 2 日，
千山药机收到证监会《行政处罚及市场禁入事先告知书》。该《事先告知
书》认定千山药机 2015～2017 年存在虚构交易、虚报收入、利用关联方交
易占用公司资金等违法行为，认定 2016～2018 年连续三年实际净利润为负，
已触及创业板公司退市红线。

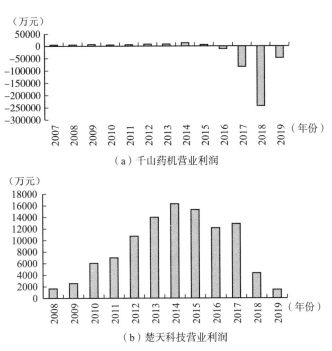

（a）千山药机营业利润

（b）楚天科技营业利润

图 3.4　千山药机和楚天科技经营业绩对比

资料来源：Wind 数据库。

第4章

创业板公司上市对专利数量的影响

创新即通过新技术、新方法、新产品提高劳动生产率，进而推动社会经济发展，这已经成为普遍共识。但是，创新需要长期大额资金的支持，内部现金流无法满足企业持续的资金需求，而银行倾向于为有抵押物的重资产客户提供贷款（解维敏和方红星，2011）。这是因为创新具有较大的不确定性，成果主要为无形资产，其折旧和估值较为复杂，由于抵押品缺乏及信息严重不对称，中小企业难以获得银行信贷的资金支持。较大的融资约束阻碍了创新的进一步发展。创新作为探索未知领域的活动，经过长时间投入后，仍可能面临失败的结局。历史经验表明，企业进行创新取得成功的案例占所有进行研发活动企业的比例相对较低。面对融资约束，企业除了利用自有资金和银行贷款外，通常选择上市融资的方式来缓解企业资金不足的问题。然而，登陆主板市场的财务业绩门槛要求较高，中小企业成立时间一般较短，无法满足主板上市的财务要求。

为解决创新中小企业融资难问题，国家于2009年推出创业板。相较主板企业，创业板公司上市的财务和业绩要求更低，但是更注重创新水平和成长能力的考察。《创业板首次公开发行股票注册管理办法》要求，首次上市的公司在招股说明书中应当披露包括专利、商标和技术研发在内的无形资产状况，发审委在审核时也更加关注创业板公司的研发能力（张艳伟，2011）。专利作为衡量创新产出的重要指标，可以向发审委委员传递企业创新能力的信号。技术研发可以为公司带来竞争优势，但是过分披露将可能泄露企业研发机密进而使得竞争对手获利，各国公司都或多或少保留本公司的核心研发机密，比如可口可乐公司的可乐配方，一直未申请专利。然而在中国，创业板上市能够缓解公司融资约束，能否登陆创业板成为公司生存和发展的分水岭，中国创业板公司"倾其所有"地披露公司研发和专利（徐欣等，2016）。因为公司专利数量越多，代表公司拥有更强的技术研发能力，向市场和投资者传递公司更强竞争优势的信号。因此可以预见，创业板公司在上市前为了能顺利上市，争取稀缺上市资源并获得较好的发行价格，有突击做多专利数量的激励。专利本是衡量公司创新能力的重要指标，创业板公司上市前策略性创新的专利申请行为扭曲了创业板成立的初衷。

根据我国知识产权法律规定，专利分为三种不同类型：发明专利、实用新型专利和外观设计专利。那么上市前策略性创新更倾向于利用哪种专利进行？国家产业政策是否会影响企业的策略性创新行为？是否会因为市场环境差异而使策略性创新行为具有不同的方式？同年上市企业更多的专利研发是否会造成较大同侪压力进而影响上市前专利突击行为？这些问题的解答，有助于我们更清楚地认识创业板公司上市前的专利突击行为，更好地提升创业板服务创新功能，为我国创业板、科创板建设和注册制完善提供更好的理论基础与政策依据。

借助 2009～2018 年创业板上市公司招股说明书无形资产部分披露的专利信息，匹配中国国家知识产权局（China National Intellectual Property Administration，CNIPA）2001～2018 年专利数据，本章系统研究了创业板公司上市前专利申请数量激增的现象及其申请动机。与传统研究专注会计利润等财务信息不同，本书发现创业板公司在上市前有动机披露更多的专利向监管机构、市场和潜在投资者传递企业研发能力和竞争优势信号以获得稀缺上市资源，并得到较好发行定价，在这种激励下发行人会申请更多的专利。随后，本书根据产业政策、市场环境和同侪压力分析了不同情境下的专利申请数量变化。进一步考察了 2014 年证监会专利披露政策变化对专利突击行为的影响，并与科创板进行了对比。本书的主要贡献是：第一，现有研究主要考察首次公开募股（Initial Public Offering，IPO）对企业上市后创新能力的影响（Bernstein，2015；张劲帆等，2017），与以往文献不同，本书考察了上市动机对企业上市前专利申请策略的影响，发现企业在上市前存在突击申请专利的现象，对以往文献进行了补充；第二，现有文献表明创新激励政策、卖空压力和高新技术企业资质都是导致企业策略性创新的重要因素（张杰和郑文平，2018；杨国超等，2017；谭小芬和钱佳琪，2020），本书基于我国上市资源稀缺的现实背景，发现企业上市是导致我国创业板公司上市前策略性创新的重要原因之一；第三，本书考察了 2014 年证监会修改创业板招股说明书披露准则的政策效应，对比了创业板公司与科创板公司上市前专利申请策略的差异，为完善创业板制度体系和注册制运行建言献策。

本章接下来的结构安排如下：4.1 节是假设提出，4.2 节是研究设计，4.3 节是实证结果，4.4 节是稳健性检验，4.5 节是扩展分析，4.6 节是本章小结。

4.1 假 设 提 出

既有研究发现，企业会在政府专利补助和高新技术企业资质申报前突击申请专利。这类文献的主流观点认为，企业为了迎合政府专利补助和高新技术企业资质认定中对专利数量的要求，会突击做多专利数量，目的是获取政府补助的资金和享受高新技术企业资质带来的财税优惠，有效地节约成本增加利润，此外还可带来一定的声誉效应，其本质都是为了获取经济利益以缓解企业融资约束。此外，谭小芬和钱佳琪（2020）发现在卖空机制下，企业专利申请也存在"重数量，轻质量"和"重申请，轻维持"的策略性创新行为。这几方面的研究都有其合理性，但是，中国制度背景下的创业板公司，不仅在政府补助和高新技术资格认定申请及卖空压力下有动机进行策略性创新，也存在其他方面的动因促使其操纵专利产出。只要能带来经济利益，企业就有粉饰专利的动机。

创业板公司很大的特点就是创新性和成长性，专利在很大程度上决定了创业板公司的命运和前途（徐欣等，2016）。《创业板首次公开发行股票注册管理办法》等法规明确规定企业需要如实披露专利等无形资产状况；实务中，不少创业板公司的收入和利润，都建立在几项核心专利上；张艳伟

（2011）认为专利是创业板公司申请上市考核中的重点项目。根据盈余管理行为中的经理人惯性（陈冬华等，2017），创业板公司在持续经营过程中，不仅对财务数据进行盈余管理（Zhou et al.，2019），还有可能会对包括专利在内的无形资产研发进行操控管理。因此，本章立足我国创业板首次上市的制度背景，全面考察公司在上市发行前的专利操纵行为，并考察了不同的专利类型、产业政策、市场环境和同侪压力下，企业上市前专利数量的变化情况。

4.1.1　创业板公司上市与专利数量

传统观点认为专利的价值是帮助企业在产品市场上获得排他性租金，而朗（Long，2002）认为由于专利与企业创新能力密切相关，在某些情况下，专利能够向外界传递申请人高创新能力的信息，帮助申请人在其他方面获得收益。对于中小型高科技企业而言，发行上市对于企业发展具有重要意义。第一，中小型高科技企业的典型财务特征是盈利少、规模小，可抵押资产少，这类企业难以获得银行贷款支持，也不能达到主板上市的财务门槛。创业板对上市企业的盈利水平、资产规模要求较低，能够有效满足中小型高科技企业的融资需求。第二，能够影响公司经营决策的创业者和风险投资者也有强烈的上市需求，他们在企业发展初期提供资金，通过努力经营实现公司长期价值，而上市就是一个价值实现的捷径。上市后，创业者作为原始股东，实现了股票增值，风险投资者也可以在公司上市后退出，获得投资回报。第三，企业上市也会获得地方政府奖励，例如，2018 年 8 月 30 日，东莞市出台相关政策对成功上市的企业奖励最高 1000 万元①。2019 年 8 月 12 日，南昌市高新区出台相关规定，对沪深交易所上市的公司给予一次性奖励 1500 万元②。

如何识别并筛选出创新能力更强的企业成为发审委不得不面对的一个问

---

① 莞企成功上市融资最高可获省市奖励 1000 万 [N]. 南方日报，2018 - 06 - 26.
② 企业首次上市奖励 1500 万元——南昌高新区出台政策鼓励企业利用资本市场加快发展 [EB/OL]. 江西省人民政府网，2019 - 08 - 15.

题。创业板设立的初衷是培育高科技成长型企业，缓解高科技企业面临的融资约束。深交所将"两高六新"作为筛选创业板公司的重要标准，即"高成长性、高科技含量"和"新经济、新服务、新农业、新材料、新能源和新商业模式"（吴晓求，2011）。截至 2019 年 9 月 30 日，创业板公司中高新技术企业占比高达 93%①。由于拟上市企业与发审委之间存在较强的信息不对称，较多的专利数量可以向外界传递企业创新能力强的信号，不仅在发审委评审过程中成为"加分点"，还更容易获得市场投资者的青睐。媒体也指出专利在上市申请过程中往往起到"装点门面"的作用，私募基金经理吴国平认为"突击申请专利，反映出很多公司是为了上市而上市，因为要符合'高科技'的要求。公司因为没有高科技，就只能在专利上做文章。"上海著名维权律师宋一欣指出，"很多企业是为了上市而去申请专利，很大程度是因为券商的恶性竞争，保荐人鼓励公司去申请专利，但很多都是伪专利，在法律上是无效的。"② 尽管在《创业板上市公司发行管理办法》中并未规定专利数量是企业上市的硬性指标，但是创业板发行审核十分重视企业的创新能力，不少企业在上市前会突击申请专利，增加通过上市审核的概率。相关专利代理机构及企业专利管理人士也确认创业板公司存在上市前专利突击的行为。

关于 IPO 与企业创新的文献较为丰富。威斯和莫尔曼（Wies and Moorman，2015）发现企业上市后新产品数量的增加，而伯恩斯坦（Bernstein，2015）发现企业上市对专利数量的影响没有显著变化。张劲帆等（2017）、李云鹤等（2018）均发现企业上市后创新专利产出数量增加，原因之一是上市缓解了企业的融资约束，并且融资约束越严重的公司上市后专利增加趋势越明显；轻资产公司和民营企业面临更多的融资约束，企业上市对他们的创新促进效应更大。相反，部分学者认为上市后企业的专利表现"不真实"。黎文靖和郑曼妮（2016）发现上市公司专利增加是基于产业政

---

① 创业板覆盖创新最活跃产业 高新技术企业占比高达 92.8% ［EB/OL］. 新浪财经，2011 - 12 - 31.

② 14 家创业板公司发明专利不到 3 成 7 家 IPO 前急申 ［EB/OL］. 新浪财经，2010 - 05 - 03.

策的刺激，属于"策略性申请行为"。申宇等（2018）认为上市公司专利泡沫源于企业迎合地方政府"专利崇拜"而进行的低价值研发产出。由于专利可以向外界传递企业研发能力的信号（张杰等，2016），并且在企业 IPO定价中向一级市场询价对象传递价值信号（徐浩萍等，2017），所以，企业在对财务信息进行盈余管理后，通过申请更多数量的专利来增加上市成功概率，并获取更高的发行定价。基于上述分析，提出假设 4-1。

假设 4-1：创业板公司临近上市前会突击申请专利，专利申请数量显著增加。

4.1.2　创业板公司上市与专利数量：基于专利类型视角

专利权是发明人对特定的发明创造在一定期限内依法享有的独占实施权，可以带来一定的经济收益。发明人要想获得专利授权，需要将技术方案向主管机关提出申请，缴纳申请费用，经过专利局严格审查，才能获得专利授权。授权后，申请人需要每年缴纳年费维持专利权。在我国现有的专利审查制度下，实用新型专利和外观设计专利是创业板公司上市前专利数量快速增长的理性选择。首先，国家知识产权局对发明专利的新颖性、创造性和实用性要求更高，发明专利的授权率比非发明专利更低，申请风险更大。其次，相比非发明专利，发明专利申请费用更高。最后，相较于非发明专利，发明专利申请时间更长，发明专利从申请到授权通常需要 3~4 年，而实用新型专利和外观设计专利从申请到授权最长为 18 个月（张杰和郑文平，2018）。因此，也有学者将专利分为增量创新（incremental innovation）与激进创新（radical innovation），激进创新的革新程度更大，代表更大的技术进步，而增量创新仅是在现有技术基础上进行的局部改进（Dewar and Dutton，1986）。

基于内外部环境因素不同，企业会申请不同类型的专利（谭劲松和赵晓阳，2019）。熊彼特（Schumpeter，1934）认为，"创造性破坏"才能有力推动社会经济发展。历史经验表明，实质性创新（发明专利）在创新质量上更具"破坏性"，更能推动企业创新能力提升和加强企业竞争优势（黎文靖和郑曼妮，2016）。雷齐格（Reitzig，2004）通过研究德国 50 家机械制造业公司后发现，高质量的专利更能提升企业绩效。排除外部制度环境和市场竞争的影响，一个企业要谋求长期竞争优势和领先地位，通过研发获得更先进的技术、生产更优质的产品是较为可行的方式。由于专利创新的长期性和不确定性，高质量的专利需要企业能够沉下心进行持久的研发，需要管理者和市场有包容创新失败的耐心和勇气（Manso，2011）。然而，股东对公司盈利的要求，给经营管理层以较大的业绩压力和职位危机，市场投资者也要求公司较好的短期绩效。因此，管理层不得不放弃较长时间的"高质量"研发，获取更多低质量的专利，以"专利数量"保障公司的研发业绩（Graham et al.，2005；He and Tian，2013）。另外，中国的地方政府及其官员需要公司研发更多数量的专利来衬托其政绩，政府是为了完成创新考核任务，官员是基于个人晋升激励（黎文靖和郑曼妮，2016）。作为回报，企业将会获得政府补贴，官员和企业的"合谋"进入一种"获取补贴"进行低价值专利研发的不良循环。此外，中国地方政府将辖区上市企业数量作为彰显官员政绩的一种方式，创业板上市考核较为看重专利数量，因此，地方政府通过多种形式激励企业上市。在企业申请专利方面，为了达成更多专利数量的目标，地方政府提供更多的研发补贴，企业利用补贴研发出更多的低成本、低价值、低质量的专利（王克敏等，2015；张杰等，2018）。

相对非发明专利，发明专利申请过程更复杂、审查要求更高、审查期限更长。因此，普遍认为发明专利价值更高。非发明专利的特性，表明其能够更快更容易获得授权，相应地其"操控性"也更好，企业谋求专利数量优势更有可能通过"操控"非发明专利进行。既往文献都发现策略性创新主要通过非发明专利进行。黎文靖和郑曼妮（2016）发现了企业迎合产业政策补助而大量申请非发明专利。王兰芳等（2019）发现研发"粉饰"行为导致企业重视专利产出数量而忽视专利质量，结果导致企业申请实用新型专利显著增加，而发明专利数量没有显著变化。当面临卖空压力时，企业会积极申请专利，并且主要是申请实用新型专利和外观设计专利这两种"短、平、快"的低质量专利，因为这两类专利创新要求低、审查程序简单、授权时间较短（林志帆和龙晓旋，2019；谭小芬和钱佳琪，2020）。基于上述分析，可以发现非发明专利创新要求低，授权更容易，申请时间更短，可以作为短期内实现目标的有效操控工具。同样地，为了尽快实现上市目标，企业更倾向于利用非发明专利进行上市前专利突击。因此，提出假设4-2。

假设4-2：相较于发明专利，非发明专利数量增长更明显。

4.1.3 创业板公司上市与专利数量：基于产业政策视角

相对西方国家而言，中国的产业政策较多，不仅国家层面有产业政策，各省份地方政府还制定了相应的区域产业政策，并且产业政策每五年会进行一定程度调整。产业政策对国民经济各方面均有着不可忽视的影响（付明卫等，2015）。每隔五年颁布一次的国家"五年规划"，各地政府和部门则会根据国家"五年规划"制定本地区或本部门的地区产业政策和具体执行办法，并根据产业政策支持程度制定包括目录指导、市场准入、信贷、税收优惠、科研补助、产业园区、政府采购和特许经营权等在内的措施来落实宏观产业政策。产业政策中的市场准入可以动态调整企业进出门槛，进而影响行业的竞争水平和创新投入；政府补贴、税收优惠等财政手段的实施，可以缓解企业创新融资约束；另外，配合产业政策的金融手段也很多，包括银行贷款、企业上市、配股及再融资等，也能在一定程度上影响企业的现金流和融资约束程度（陈冬华等，2010）。

针对产业政策对企业创新的影响，学术界分别持促进效应观点与抑制效应观点。促进效应观点认为产业政策主要缓解了企业融资约束，促进企业创新，即相对没有产业政策支持的行业，产业政策支持的鼓励性行业将在银行贷款、上市审批和再融资时享受更多的政策照顾和诸多便利（陈冬华等，2010）；能够享受更多的税收优惠和政府补贴（林洲钰等，2013；周亚虹等，2015）；此外，鼓励性支持行业还能在市场准入和项目审批方面享受更多的政策照顾。这有可能对企业创新发挥积极影响。抑制效应观点则认为产业政策可能产生一些弊端，克鲁格（Krueger，1974）认为过度的政策照顾可能引致寻租，并造成资源的浪费；企业可能会顺应政府需求而忽略自身的战略安排和创新能力建设（杨其静，2011）；产业政策支持还可能造成无

序、过度投资，导致严重的产能过剩现象（黎文靖和李耀淘，2014）；产业
政策还可能影响企业的创新选择，企业为了迎合政府 GDP 目标和官员晋升
需求，在创新产出上选择短期化的策略性创新，生产低质量、低价值的专利
（黎文靖和郑曼妮，2016）。

现有文献较多地讨论了产业政策对企业创新的影响。贝尔德伯斯等
（Belderbos et al.，2004）认为产业政策刺激了研发投入增长，创新产出会
随着研发投入的增长而增加。而谭劲松等（2017）发现我国产业政策激励
了被支持企业的研发投入，企业投资数量和专利数量随政府扶持力度加大而
增加。余明桂等（2016）发现产业政策能够显著提高被支持鼓励企业的发
明专利数量，在民营企业中产业政策的激励效果更明显，并且分别检验了重
点鼓励行业和一般鼓励行业的具体影响机制。余明佳等（2016）通过收集
上市公司及其公司树上子公司、孙公司上市后的所有专利，发现 A 股其他
上市公司相对于创业板公司来说，更强调财务数据的考察，因此，A 股其他
公司显然不如创业板公司更加重视专利的重要性。曹平和王桂军（2018）
分析了我国选择性产业政策对企业创新的影响，发现选择性产业政策通过财
税补贴和市场准入等方式提高企业新产品的创新表现。此外，基于高新技术
产业政策，孙刚（2018）发现获得"高新技术企业"认定后的四年内，企
业获得正式授权的发明专利数量显著增加，陈强远等（2020）、杨国超和芮
萌（2020）则发现专利数量和质量在获得"高新技术认定"后均有了显著提
升。由此可见，产业政策较大幅度提高了我国企业的创新能力和水平。

产业政策体现了政府"帮扶之手"的宏观作用，本书以政府因素和市
场因素作为分组基准，政府因素部分选用产业政策视角，市场因素部分采用
市场环境和同侪压力视角。本部分基于产业政策分组视角，研究创业板公司
上市前的创新产出变化。研究设计的原因有两方面：第一，从融资约束维度
考量，上市前受产业政策支持的公司，可能享有更多的财政、金融优惠支
持，企业有充足的研发资金，不存在较为严重的融资约束，所以上市的紧迫
性程度更小，进而突击申请专利以谋求上市资源缓解融资约束的激励也较
小；第二，从上市审核维度考量，由于上市审批享有产业政策的优惠便利，
产业政策支持公司更容易通过上市审核（陈冬华等，2010）。产业政策作为

国家政府干预资本市场的手段之一，通过控制资本市场准入门槛来影响资源配置，黄俊和李挺（2016）认为，发审委作为国家证券管理的行政机构，其是否批准企业上市的决定受国家宏观政策影响，对受产业政策支持的拟上市公司，发审委的审核会趋于宽松，并通过产业政策和盈余管理的交叉项验证了这个结论。所以，产业政策支持的公司在上市进程中受政策支持更容易审核通过，因此，提出假设 4 - 3。

假设 4 - 3：相对产业政策支持的公司，没有产业政策支持的创业板公司上市前专利突击行为更严重。

4.1.4　创业板公司上市与专利数量：基于市场环境视角

我国幅员辽阔，省区市之间存在较大的差异，且我国是新兴市场经济国家，处于经济转型和社会转轨的关键时期，不同地区之间经济发展水平、市场化程度和法治水平发展极不平衡（白云霞等，2009；孙早和席建成，2015）。中国东部地区的经济发展水平、市场化程度和法治水平都优于广袤的中西部地区（樊纲等，2011）。根据转型经济中的不同市场环境，企业在既定制度环境中选择相应的经营活动战略，是一种理性选择，即不同的市场环境可以改变企业经营活动的成本和收益，进而影响企业经营战略选择的动机和行为。

1978 年以来，中国开始由计划经济向市场经济过渡，市场化改革包含着经济、社会和法律制度等多方面的变革（樊纲等，2003）。由于市场化程度的不同，市场环境分为良好市场环境和较差市场环境，表现为产品市场发育程度、市场中介成熟程度和法治程度等要素的发展完善阶段不同（樊纲等，2011）。良好市场环境中，市场内信息充分交流，主体之间可以充分识别技术创新战略，有效地提升创新效率；有效市场可以带来充沛的资金和丰富的融资渠道等资源，可以有效缓解企业融资约束；良好的政府治理和法治环境给予实质创新较好的未来预期，激励企业实施更加积极的创新战略。相反，较差市场环境不能提供较好的融资来源，企业继续面临较为严重的融资约束，不能支持持久的高质量研发；政府分配给科技创新的金融资源较少，希望通过企业创新数量产出突显地区创新发展水平的动机更加强烈，并且寻租活动替代实质努力，企业将更倾向于以策略性创新在寻租活动中获得政府支持；较差的知识产权保护，使得企业倾向于更少申请专利或是更多申请非实质性专利（Anton et al.，2006）。

根据张峰等（2021），市场环境可以在要素市场培育与研发资源、公平竞争与研发效率，以及知识产权保护等多个方面影响创新数量的发展。首先，要素市场严重扭曲，企业创新所需的资金、土地等要素严重不足，民营企业的融资约束更为严重（Chen et al.，2014）。要素市场扭曲导致企业更多依靠寻租来获得资源，创新更可能作为一种政治战略，企业倾向于进行象征性研发（江诗松等，2019）。其次，地区公平竞争影响研发效率。较差市场环境地区，基于政治关联和寻租活动的企业经营绩效更好，企业创新意愿显著降低，更多的资源和精力投入到政治关联和寻租活动中。最后，已有文献证明，较好的知识产权保护能够激励企业增加专利数量，特别是发明专利数量的增加。企业不同类型的专利产出，其成本不同，发明专利的专利质量和创新要求更高，企业投入了更多的成本。知识产权保护环境越好，企业越有可能收回较多投入形成的实质性创新专利成本。当市场环境较差，企业预期无法收回成本时，此时最佳策略是减少发明专利申请，更多地申请非发明专利。总的来说，在市场环境较差地区，企业的创新激励更低，因为寻租和腐败活动严重，企业家精神严重受挫，企业专利研发更多地进行策略性创新以符合要求，企业创新更为成为一种政治战略的象征性创新。在这种市场环境下，企业倾向于申请更多数量的非发明专利。因此，提出假设4-4。

假设4-4：市场环境较差的地区，创业板公司上市前专利突击更为严重。

4.1.5 创业板公司上市与专利数量：基于同侪压力视角

同侪效应，又称同伴效应、同群效应，是指某一个体在面临相似的环境时受周围个体影响而做出的参照性模仿行为，其概念原本属于社会学、心理学的范畴（Manski，1993）。近年来，同侪效应逐步被引入企业管理领域。

同侪压力是影响人们在社会中目标设定和行为选择的关键因素。已有实证研究表明，不管是企业决策者个体还是微观企业层面的决策，都会受到同侪压力的影响（Manski，1993；钟田丽和张天宇，2017）。根据利伯曼和阿沙巴（Lieberman and Asaba，2006），同侪压力的内在动力分为"信息学习假说"和"竞争学习假说"两方面。一方面，由于企业创新存在较大的不确定性，管理层倾向于学习同群企业的创新路径，以减少不确定性和创新失败风险；另一方面，同群企业通常有着相似的外部环境和市场禀赋，为了争夺有限的市场资源以及维护市场地位和份额，同群企业通常会加强研发以获取竞争优势。

国外学者从公司投资（Foucault and Fresard，2014）、融资行为（Leary and Roberts，2014）、财务决策（Gao et al.，2011）等方面研究了同侪压力对公司决策的影响，我国学者也研究了同侪压力对并购决策（万良勇等，2016）、企业资本结构（陆蓉等，2017）和企业投资（石桂峰，2015）等方面的影响。格雷厄姆和哈维（Graham and Harvey，2001）调查分析了 392 位财务总监的经营决策行为，发现大部分财务总监在财务决策时都参考了其他企业尤其是同行企业的财务决定。梅翠（Matray，2014）则发现地理距离接近的公司会在技术创新方面互相影响，企业创新具有较大的不确定性，同行业或者相近产业面临高度相似的外部环境，又因为公司治理的相似性，所以企业管理层倾向于观察同行业的创新行为并进行模仿，以控制创新失败的风险，降低研发的不确定性。同时，彭镇等（2020）发现同侪压力显著影响我国上市公司的创新决策，竞争性市场结构促使企业投入更多的研发费用，企业研发强度（研发投入与上年度营业收入的比值）显著提升。企业之间的同侪压力加剧了创新产出的动力。

基于利伯曼和阿沙巴（Lieberman and Asaba，2006）的"信息学习假说"和"竞争学习假说"，一方面，拟上市企业为了争夺资本市场的潜在机会，会学习和回应同伴企业的经营行为（Bird et al.，2018）。当其他创业板公司利用专利数量传递公司创新能力，并得到外界积极回应上市成功，获得较高的发行定价，先上市公司策略性创新的行为成为拟上市企业增加上市成功可能性的"宝贵经验"。后申请上市公司也有可能基于模仿效应而申请更多的专利。另一方面，企业为了能够在市场竞争中维持竞争地位或是超过竞争对手，必须时刻关注其他企业特别是同行企业的所有经营战略行为。创业板对拟上市公司提出比主板更高的专利要求，由于专利具有较高的专业性，发审委委员无法准确判断不同类型专利的差异，只能以专利数量判断不同创业板公司的创新能力。当其他公司的专利比目标公司更多时，发审委委员可能会认为目标公司的创新能力弱而否决其上市申请，拟上市公司因为专利数量少而处于上市竞争的不利地位。因此，市场竞争会加剧竞争对手之间的创新竞赛，企业会积极回应对手的创新行为并显示出更大的创新动力（张杰等，2014；Pacheco and Dean，2015）。为了争夺有限的创业板上市资源，拟上市公司基于模仿学习假说和竞争学习假说，有申请更多数量专利的激励，因为这可以向外界传递更强的企业创新能力，增加上市成功的可能性。由此，提出假设 4 - 5。

假设 4 - 5：同年度上市的公司专利数量越多，突击程度越强，创业板公司上市前的专利突击程度越强。

4.2 研究设计

4.2.1 样本选择与数据来源

本书选择 2009 ~ 2018 年中国创业板上市公司为样本，考察企业上市前是否存在专利突击申请行为，具体考察上市前专利总量、发明专利数量和非发明专利数量的变化，并分组检验了不同的产业政策、市场环境和同侪压力影响下的上市前专利突击申请行为。

公司财务数据、产权性质数据来源于 CSMAR 和 Wind 数据库，并进行如下筛选：（1）剔除金融行业；（2）剔除研究期间内相关数据缺失的样本；（3）剔除上市前所有年度专利申请总数少于 3 的公司，经翻阅招股说明书，本书发现专利申请数量小于 3 的公司基本属于软件 IT 行业，其创新能力主要体现为软件著作权、操作系统等无形资产，专利不是评价其创新能力的关注点（朱雪忠和胡成，2020）。

　　为获取创业板公司上市前的专利申请数据，本书通过手工翻阅招股说明书，收集上市公司及其子公司、孙公司上市前后的名称和曾用名，与国家知识产权局专利数据的申请人信息匹配，获得创业板公司上市前后每年申请专利的申请号、专利名称、专利类型信息①及每种类型专利的数量。

　　产业政策数据来源于 CNRDS 数据库的产业政策研究数据库（Industrial Policy Research Database，IPRD），选取中央政府和各地省市级政府每五年发布一次的五年规划纲要，本书使用到的纲要包括"十一五"规划（2006～2010 年）、"十二五"规划（2011～2015 年）、"十三五"规划（2016～2020 年），根据国家和各省区市的政策态度产业政策分为鼓励、中性和抑制三类，本书将鼓励和中性类企业归类为有产业政策支持，将鼓励和中性产业政策没有提到抑制类企业归类为没有产业政策支持。同时，剔除金融类、ST 类与 PT 类上市公司，删除变量缺失的公司样本。

　　本书市场环境使用樊纲市场化指数（2016）数据进行衡量，中国经济改革研究基金会国民经济研究所定期公布《中国市场化指数报告》，2016 年版报告从五个方面对各省区市级行政区 2008～2014 年的市场化改革进程进行了客观评价，其中包括政府与市场关系、非国有经济发展、产品要素市场的发育和法律制度环境等方面。利用报告中的市场化指数作为文章市场环境评价的变量。

　　同侪压力的判定，根据同年度在创业板上市的其他公司专利突击程度，若高于公司改制到上市专利申请数量的年增长率的中位数，视为同侪压力大；否则，视为同侪压力小。选取中位数时，本书选取出现在样本中的所有企业专利进行排序。

4.2.2　模型设定与变量选择

　　为检验假设 4-1 至假设 4-5 企业上市对专利申请数量的影响，本书设

---

　　①　即发明专利、实用新型专利和外观设计专利。

计模型如下：

$$Quantity_{i,t} = \alpha + \beta \times Pre - IPO_{i,t} + \gamma \times Controls + Industry$$
$$+ Year + Province + \varepsilon_{i,t} \qquad (4-1)$$

$Quantity_{i,t}$ 是 i 公司 t 年申请专利的数量，其中，专利申请数量分别采用公司当年专利申请总数、发明专利申请数和非发明专利申请数衡量。$Pre-IPO_{i,t}$ 是企业临近上市前变量，若公司当年处于改制至上市期间[①]，取值为 1，否则取值为 0，样本中公司改制至上市时长平均为 4.93 年，改制时间通过手工翻阅招股说明书获得。参考以往文献，包括产权性质、市场化程度、公司存续时间等指标，控制了行业、年度和省份固定效应[②]，控制了行业、年度和省份固定效应，并经过稳健标准误调整。连续变量经过 1% 的缩尾处理，变量详细说明如表 4.1 所示。

表 4.1   **变量说明**

被解释变量	
Patent	专利申请总数，等于 Ln（专利申请总数 +1）
Invent	发明专利申请数，等于 Ln（发明专利申请总数 +1）
Uninvent	非发明专利申请数，等于 Ln（非专利申请总数 +1），其中非发明专利申请数 = 实用新型专利申请数 + 外观设计专利申请数
解释变量	
Pre – IPO	公司临近上市前虚拟变量，若该年度处于公司改制至上市期间，取值为 1，否则取值为 0
控制变量	
Lage	上市公司存续时间
Soe	产权属性，公司实际控制人为国有性质，等于 1，否则，等于 0
Market	市场化程度，等于 ln（1 + 上市公司所在省份市场化指数），市场化指数来自樊纲等（2011）的市场化指数总得分

---

    ①   即公司由有限公司整体变更为股份公司。从公司上市的基本业务流程来看，一般要经历有限公司变更为股份公司、上市辅导、发行申报与审核、股票发行与挂牌上市等阶段。

    ②   值得说明的是本部分考察公司上市前较长年度专利数量的变化，而我们只能获得公司上市前三年的财务数据，因此，模型 1 没有控制规模、资产负债率等常规财务指标。

分组变量	
Ind Policy	产业政策虚拟变量，有产业政策支持，取值为1，否则为0
High Market	市场环境虚拟变量，市场化程度高于中位数，取值为1，否则为0
Peer Effect	同侪压力虚拟变量，若同年度其他公司上市前专利突击程度高于中位数，取值为1，否则为0

4.3 实 证 结 果

4.3.1 描述性统计分析

表4.2提供了变量的描述性统计结果。从表中可知，所有变量均在正常范围之内，说明对连续变量进行缩尾处理（Winsorize）之后，已不再受极端值影响。

表4.2　　　　　　　　　　　　描述性统计

变量	观测值	均值	标准差	MIN	P25	P50	P75	MAX
Patent	10899	1.296	1.371	0	0	1.099	2.398	4.804
Invent	10899	0.835	1.078	0	0	0	1.609	4.159
Uninvent	10899	0.928	1.188	0	0	0	1.792	4.277
Pre – IPO	10899	0.279	0.449	0	0	0	1.000	1.000
Soe	10899	0.045	0.208	0	0	0	0	1.000
Market	10899	2.185	0.205	1.581	2.055	2.217	2.364	2.488
Lage	10899	2.088	0.785	0	1.609	2.303	2.708	3.219
Ind Policy	10899	0.404	0.491	0	0	0	1.000	1.000

变量	观测值	均值	标准差	MIN	P25	P50	P75	MAX
High Market	10899	0.495	0.500	0	0	0	1.000	1.000
Peer Effect	10884	0.516	0.500	0	0	1.000	1.000	1.000

4.3.2 相关系数分析

如表 4.3 所示相关系数分析可知，公司临近上市前虚拟变量（Pre - IPO）与专利申请数量（Patent，Invent，Uninvent）显著正相关，说明创业板公司临近上市前，专利申请数量更多。

表 4.3 相关系数分析

变量	Pre - IPO	Patent	Invent	Uninvent	Soe	Market	Lage
Pre - IPO	1.00	0.28 ***	0.25 ***	0.25 ***	0.03 ***	- 0.02 **	0.20 ***
Patent	0.27 ***	1.00	0.88 ***	0.89 ***	0.03 ***	0.14 ***	0.42 ***
Invent	0.22 ***	0.88 ***	1.00	0.65 ***	0.04 ***	0.14 ***	0.40 ***
Uninvent	0.24 ***	0.90 ***	0.65 ***	1.00	0.03 ***	0.12 ***	0.35 ***
Soe	0.03 ***	0.03 ***	0.05 ***	0.02 *	1.00	- 0.13 ***	0.02 **
Market	- 0	0.17 ***	0.16 ***	0.14 ***	- 0.14 ***	1.00	0.22 ***
Lage	0.24 ***	0.41 ***	0.38 ***	0.34 ***	0.02 **	0.24 ***	1.00

注：（1）"*"、"**"和"***"分别表示 10%、5%和 1%显著性水平；（2）左下三角部分为 Pearson 相关系数检验结果，右上三角部分为 Spearman 相关系数检验结果。

如图 4.1 所示，创业板公司上市前后专利申请数量变化。从图 4.1 可以看出，创业板公司在临近上市前专利申请数量激增，上市后增长停滞，此外，我们看到在上市后第 9 年专利申请数量急速上升，这是由于 2018 年我国大环境下专利申请数量增速较快导致，从图中可以看出，相较于发明专利，非发明专利上市前增长曲线和上市后跌落曲线更陡峭，说明创业板上市公司专利突击申请主要是通过非发明专利进行。

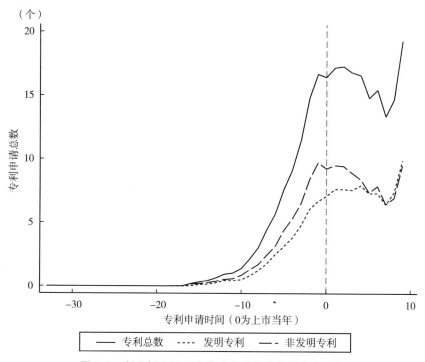

图 4.1　创业板公司上市前后专利申请数量变化趋势

资料来源：国家知识产权局，经笔者整理。

4.3.3　结果与讨论

1. 创业板公司上市对专利申请数量的影响

表 4.4 考察了创业板公司上市对专利申请数量的影响。从表 4.4 可以看出，解释变量临近上市前（Pre‐IPO）系数均在 1% 水平上显著为正，说明公司在临近上市前专利申请数量增长更快，回归（3）系数比回归（2）系数更大，说明相较于发明专利，创业板公司利用非发明专利进行突击的现象更明显，验证了本章假设 4‐1 和假设 4‐2。结论说明，创业板公司为了实现顺利上市，在上市前突击申请更多的非发明专利，以更多数量专利传递公司创新能力强的信号，是一种策略性创新行为。

表4.4   企业上市对专利申请数量的影响

变量	专利总数	发明专利	非发明专利
	（1）	（2）	（3）
	Patent	Invent	Uninvent
Pre – IPO	0. 309 ***	0. 176 ***	0. 271 ***
	（7. 01）	（4. 68）	（6. 88）
Soe	0. 197	0. 262 **	0. 091
	（1. 38）	（2. 02）	（0. 88）
Market	0. 100	0. 413 *	– 0. 204
	（0. 35）	（1. 65）	（– 0. 78）
Lage	0. 059 *	0. 042	0. 030
	（1. 79）	（1. 56）	（1. 03）
Constant	– 0. 381	– 0. 916 *	0. 266
	（– 0. 65）	（– 1. 82）	（0. 49）
Year	YES	YES	YES
Industry	YES	YES	YES
Province	YES	YES	YES
N	10899	10899	10899
adj. R^2	0. 378	0. 305	0. 339

注：（1）括号中报告值是 t 统计量；（2）" * "、" ** "和" *** "分别表示10%、5%和1%显著性水平；（3）本章按公司聚类，并进行稳健的标准误调整。

2. 创业板公司上市对专利申请数量的影响：基于产业政策视角

如表4.5所示，在产业政策扶持组的回归（1）、（3）中，回归系数不显著，在无产业政策扶持的回归（2）和（4）中，回归系数在1%到5%水平上显著为正，虽然回归（5）和回归（6）系数均显著为正，但是回归（6）的系数更大，这说明相较于有产业政策扶持的企业，无产业政策扶持的公司上市前专利突击行为更明显。从而验证了本章的假设。

表 4.5　　　　企业上市对专利申请数量的影响：基于产业政策视角

变量	Patent		Invent		Uninvent	
	(1)	(2)	(3)	(4)	(5)	(6)
	产业政策扶持	无产业政策扶持	产业政策扶持	无产业政策扶持	产业政策扶持	无产业政策扶持
Pre – IPO	0.120 (1.57)	0.221*** (3.47)	0.026 (0.45)	0.131** (2.28)	0.142** (2.04)	0.219*** (4.01)
Soe	0.584** (2.45)	– 0.160 (– 1.03)	0.677*** (3.15)	– 0.060 (– 0.47)	0.317* (1.71)	– 0.139 (– 1.16)
Market	0.274 (0.48)	0.094 (0.28)	0.091 (0.18)	0.650** (2.23)	0.298 (0.64)	– 0.416 (– 1.32)
Lage	0.028 (0.36)	0.074** (1.97)	0.057 (0.94)	0.048 (1.49)	– 0.046 (– 0.71)	0.053 (1.62)
Constant	0.395 (0.28)	– 0.142 (– 0.22)	0.452 (0.37)	– 1.240** (– 2.17)	0.042 (0.04)	0.921 (1.49)
Year	YES	YES	YES	YES	YES	YES
Industry	YES	YES	YES	YES	YES	YES
Province	YES	YES	YES	YES	YES	YES
N	4400	6499	4400	6499	4400	6499
adj. R^2	0.310	0.452	0.265	0.362	0.299	0.396

注：（1）括号中报告值是 t 统计量；（2）"*"、"**"和"***"分别表示 10%、5% 和 1% 显著性水平；（3）本章按公司聚类，并进行稳健的标准误调整。

3. 创业板公司上市对专利申请数量的影响：基于市场环境视角

表 4.6 考察了不同市场环境下创业板公司上市前的专利数量变化。从实证结果来看，虽然回归（1）~（6）的系数均在 1% ~5% 水平上显著为正，回归（1）、（3）、（5）的系数比回归（2）、（4）、（6）的系数更小，说明相较于良好市场环境地区，创业板公司上市前专利突击现象在较差市场环境地区更明显。这可能是因为良好市场环境地区金融支持力度保障更多发明专利的研发，高效的政府治理鼓励实质性创新以实现更长久的可持续发展，以及更好的知识产权保护激励企业研发更高质量而不是追求更多数量的专利。

表 4.6　　　企业上市对专利申请数量的影响：基于市场环境视角

变量	Patent		Invent		Uninvent	
	(1)	(2)	(3)	(4)	(5)	(6)
	良好市场环境	较差市场环境	良好市场环境	较差市场环境	良好市场环境	较差市场环境
Pre – IPO	0.268 *** (3.86)	0.341 *** (6.37)	0.133 ** (2.17)	0.212 *** (4.88)	0.253 *** (4.19)	0.279 *** (5.77)
Soe	0.062 (0.27)	0.273 * (1.79)	0.092 (0.44)	0.344 *** (2.63)	0.026 (0.15)	0.136 (1.16)
Market	0.023 (0.04)	− 0.036 (− 0.11)	0.865 * (1.75)	0.184 (0.64)	− 0.630 (− 1.16)	− 0.085 (− 0.29)
Lage	0.071 (1.42)	0.054 (1.44)	0.059 (1.44)	0.032 (1.08)	0.027 (0.62)	0.038 (1.16)
Constant	1.294 (0.95)	− 0.031 (− 0.05)	− 1.239 (− 1.09)	− 0.366 (− 0.67)	2.517 ** (1.98)	0.092 (0.17)
Year	YES	YES	YES	YES	YES	YES
Industry	YES	YES	YES	YES	YES	YES
Province	YES	YES	YES	YES	YES	YES
N	5391	5508	5391	5508	5391	5508
adj. R^2	0.346	0.397	0.282	0.315	0.324	0.348

　　注：（1）括号中报告值是 t 统计量；（2）"*"、"**"和"***"分别表示 10%、5% 和 1% 显著性水平；（3）本章按公司聚类，并进行稳健的标准误调整。

4. 创业板公司上市对专利申请数量的影响：基于同侪压力视角

　　表 4.7 考察了同侪压力不同情况下创业板公司上市前的专利申请数量变化。回归（1）、（3）、（5）代表当同年度上市的其他创业板公司上市前专利突击严重时企业上市对专利申请数量的影响。回归（2）、（4）、（6）代表当同年度上市的其他创业板公司上市前专利突击不严重时，上市对公司专利申请数量的影响。如表 4.7 所示，同年度上市的其他创业板公司专利突击行为越严重，企业之间的专利竞争越强，基于竞争效应和学习效应，企业在上市前会申请更多的专利，以传递更强的创新能力信号，在上市审核

中夺得先机。

表 4.7　　　企业上市对专利申请数量的影响：基于同侪压力视角

变量	Patent		Invent		Uninvent	
	（1）	（2）	（3）	（4）	（5）	（6）
	同侪压力大	同侪压力小	同侪压力大	同侪压力小	同侪压力大	同侪压力小
Pre – IPO	0.276***	0.231***	0.144**	0.137***	0.267***	0.196***
	(3.86)	(4.13)	(2.25)	(2.75)	(4.17)	(3.99)
Soe	0.449**	-0.026	0.569***	-0.012	0.242	-0.048
	(2.04)	(-0.16)	(2.84)	(-0.10)	(1.54)	(-0.30)
Market	-0.046	0.317	0.008	0.899***	-0.123	-0.226
	(-0.11)	(0.83)	(0.02)	(2.71)	(-0.33)	(-0.62)
Lage	0.008	0.105**	0.022	0.066*	-0.028	0.075
	(0.16)	(2.22)	(0.53)	(1.86)	(-0.68)	(1.63)
Constant	-0.383	-0.576	-0.305	-1.701***	-0.189	0.548
	(-0.45)	(-0.78)	(-0.41)	(-2.64)	(-0.26)	(0.77)
Year	YES	YES	YES	YES	YES	YES
Industry	YES	YES	YES	YES	YES	YES
Province	YES	YES	YES	YES	YES	YES
N	5612	5272	5612	5272	5612	5272
adj. R^2	0.357	0.427	0.289	0.351	0.330	0.370

注：（1）括号中报告值是 t 统计量；（2）" * "、" ** "和" *** "分别表示 10%、5% 和 1%显著性水平；（3）本章按公司聚类，并进行稳健的标准误调整。

4.4　稳健性检验

4.4.1　临近上市变量的其他衡量方式

本章采用其他衡量临近上市前的变量以检验结论的稳健性，具体而言，

若该年度处于公司上市前 3 年，临近上市前变量 Pre – IPO ［ – 3，0］取值
为 1，否则取值为 0。在定义突击申请严重的公司时，若公司上市前 3 年专
利平均增长率高于同年度上市的创业板公司平均增长率则为专利突击严重的
公司，否则是专利突击不严重的公司。改变临近上市变量的衡量方式后，上
市对专利申请数量的影响如表 4.8 所示，从表 4.8 来看，公司在临近上市
前，专利申请数量更多，相较于发明专利，公司利用非发明专利进行突击的
行为更明显。

表 4.8　　　　　企业上市对专利申请数量的影响（改变临近上市变量）

变量	专利总数	发明专利	非发明专利
	（1）	（2）	（3）
	Patent	Invent	Uninvent
Pre – IPO ［ – 3，0］	0. 343 ***	0. 206 ***	0. 287 ***
	(9. 52)	(6. 84)	(8. 86)
Soe	0. 213	0. 271 **	0. 106
	(1. 50)	(2. 10)	(1. 02)
Market	0. 065	0. 394	– 0. 236
	(0. 23)	(1. 58)	(– 0. 91)
Lage	0. 071 **	0. 049 *	0. 040
	(2. 10)	(1. 77)	(1. 37)
Constant	– 0. 339	– 0. 895 *	0. 304
	(– 0. 57)	(– 1. 77)	(0. 55)
Year	YES	YES	YES
Industry	YES	YES	YES
Province	YES	YES	YES
N	10899	10899	10899
adj. R^2	0. 378	0. 306	0. 339

　　注：（1）括号中报告值是 t 统计量；（2）"*"、"**"和"***"分别表示 10%、5% 和 1%
显著性水平；（3）本章按公司聚类，并进行稳健的标准误调整。

　　表 4.9 ~ 表 4.11 分别从产业政策、市场环境和同侪压力三个维度对上

市与专利申请数量之间的关系进行了稳健性测试，结果均与本章主实证部分结果基本一致，进一步证实了本章的假设。如表 4.9 所示，无产业政策支持企业在上市前的专利申请总量，发明专利申请数量和非发明专利申请数量均在 1% 水平上显著，产业政策支持的企业上市前专利数量增加不显著。另外，无产业政策支持的系数均大于产业政策支持企业的系数，说明没有产业政策支持的企业面临更为严重的融资约束，上市动机更强烈，所以上市前专利突击更严重。表 4.10 的系数显示，较差市场环境地区企业上市前专利增长系数均大于良好市场环境地区企业的专利增长，表明良好市场环境减弱了专利突击程度。表 4.11 检验了同侪压力对上市前专利数量的影响，从表中结果看到，同年上市公司申请专利数量越多同侪压力越大时，其显著性和系数均强于同侪压力较小时情形。

表 4.9　企业上市对专利申请数量的影响：基于产业政策视角

（改变临近上市变量）

变量	Patent		Invent		Uninvent	
	(1)	(2)	(3)	(4)	(5)	(6)
	产业政策扶持	无产业政策扶持	产业政策扶持	无产业政策扶持	产业政策扶持	无产业政策扶持
Pre – IPO [-3, 0]	0.084 (1.24)	0.244*** (4.27)	0.025 (0.46)	0.161*** (3.25)	0.066 (1.11)	0.219*** (4.46)
Soe	0.591** (2.48)	-0.154 (-1.00)	0.678*** (3.16)	-0.056 (-0.45)	0.325* (1.75)	-0.133 (-1.12)
Market	0.238 (0.42)	0.101 (0.31)	0.083 (0.17)	0.658** (2.28)	0.261 (0.56)	-0.414 (-1.31)
Lage	0.039 (0.51)	0.086** (2.25)	0.059 (0.98)	0.055* (1.68)	-0.032 (-0.49)	0.065* (1.96)
Constant	0.632 (0.49)	-0.171 (-0.27)	0.415 (0.37)	-1.264** (-2.23)	0.290 (0.28)	0.902 (1.46)
Year	YES	YES	YES	YES	YES	YES
Industry	YES	YES	YES	YES	YES	YES

续表

变量	Patent		Invent		Uninvent	
	(1)	(2)	(3)	(4)	(5)	(6)
	产业政策扶持	无产业政策扶持	产业政策扶持	无产业政策扶持	产业政策扶持	无产业政策扶持
Province	YES	YES	YES	YES	YES	YES
N	4400	6499	4400	6499	4400	6499
adj. R^2	0.310	0.451	0.265	0.362	0.298	0.394

注：（1）括号中报告值是 t 统计量；（2）" * "、" ** "和" *** "分别表示10%、5%和1%显著性水平；（3）本章按公司聚类，并进行稳健的标准误调整。

表 4.10   企业上市对专利申请数量的影响：基于市场环境视角

（改变临近上市变量）

变量	Patent		Invent		Uninvent	
	(1)	(2)	(3)	(4)	(5)	(6)
	良好市场环境	较差市场环境	良好市场环境	较差市场环境	良好市场环境	较差市场环境
Pre – IPO [−3, 0]	0.247 *** (4.15)	0.435 *** (8.56)	0.122 ** (2.37)	0.291 *** (6.75)	0.228 *** (4.36)	0.338 *** (7.22)
Soe	0.049 (0.22)	0.307 ** (2.01)	0.085 (0.42)	0.366 *** (2.79)	0.014 (0.08)	0.164 (1.40)
Market	0.054 (0.09)	−0.085 (−0.26)	0.881 * (1.78)	0.158 (0.55)	−0.601 (−1.10)	−0.128 (−0.44)
Lage	0.084 * (1.66)	0.059 (1.57)	0.065 (1.58)	0.034 (1.15)	0.040 (0.89)	0.043 (1.31)
Constant	1.179 (0.85)	0.028 (0.04)	−1.295 (−1.14)	−0.338 (−0.62)	2.414 * (1.88)	0.148 (0.27)
Year	YES	YES	YES	YES	YES	YES
Industry	YES	YES	YES	YES	YES	YES
Province	YES	YES	YES	YES	YES	YES

续表

变量	Patent		Invent		Uninvent	
	（1）	（2）	（3）	（4）	（5）	（6）
	良好市场环境	较差市场环境	良好市场环境	较差市场环境	良好市场环境	较差市场环境
N	5391	5508	5391	5508	5391	5508
adj. R^2	0.344	0.401	0.282	0.320	0.322	0.351

注：（1）括号中报告值是 t 统计量；（2）" * "、" ** "和" *** "分别表示 10%、5% 和 1% 显著性水平；（3）本章按公司聚类，并进行稳健的标准误调整。

表 4.11　　　企业上市对专利申请数量的影响：基于同侪压力视角

（改变临近上市变量）

变量	Patent		Invent		Uninvent	
	（1）	（2）	（3）	（4）	（5）	（6）
	同侪压力大	同侪压力小	同侪压力大	同侪压力小	同侪压力大	同侪压力小
Pre－IPO [－3, 0]	0.262 *** (3.80)	0.098 * (1.66)	0.140 ** (2.46)	0.088 (1.58)	0.246 *** (3.85)	0.088 * (1.89)
Soe	0.599 *** (2.90)	－0.257 (－1.41)	0.643 *** (3.48)	－0.134 (－0.93)	0.356 ** (2.20)	－0.213 (－1.52)
Market	－0.151 (－0.35)	0.407 (1.14)	－0.095 (－0.25)	1.028 *** (3.27)	－0.234 (－0.62)	－0.141 (－0.39)
Lage	0.036 (0.63)	0.111 ** (2.45)	0.056 (1.24)	0.059 (1.61)	－0.022 (－0.46)	0.094 ** (2.29)
Constant	－0.299 (－0.35)	－0.767 (－1.09)	－0.259 (－0.35)	－1.990 *** (－3.21)	－0.011 (－0.02)	0.389 (0.55)
Year	YES	YES	YES	YES	YES	YES
Industry	YES	YES	YES	YES	YES	YES
Province	YES	YES	YES	YES	YES	YES

续表

变量	Patent		Invent		Uninvent	
	(1)	(2)	(3)	(4)	(5)	(6)
	同侪压力大	同侪压力小	同侪压力大	同侪压力小	同侪压力大	同侪压力小
N	5610	5289	5610	5289	5610	5289
adj. R^2	0.342	0.458	0.280	0.375	0.311	0.401

注：(1) 括号中报告值是 t 统计量；(2) "*"、"**"和"***"分别表示10%、5%和1%显著性水平；(3) 本章按公司聚类，并进行稳健的标准误调整。

4.4.2 基于断点回归的分析

考虑到本章结论可能存在内生性问题，即企业达到一定生命周期后，专利出现爆发式增长，企业同时也可能选择上市。本章采用断点回归的方法，检验企业上市前后1年，专利申请数量的变化。在上市前1年，企业有强烈的动机通过操纵专利等信息，通过证监会审核，实现上市，在上市后1年，企业不再有上市动机，同时由于上市前后1年时间较短，企业生命周期不会发生较大的变化。在这一较短的时间窗口内，既可以利用企业上市进程的变化，考察上市对专利申请数量的影响，又可以缓解企业生命周期对本章结论可能产生的干扰，实证结果如表4.12、图4.2~图4.4所示，从实证结果可以看出，相比企业上市前1年，企业上市后1年的专利申请数量和非发明专利申请数量明显降低，与本章实证主结果基本一致。

表4.12　上市对创业板公司上市前专利申请数量的影响（断点回归）

变量	专利总数 (1) Patent	发明专利 (2) Invent	非发明专利 (3) Uninvent
lwald	-2.980** (-1.99)	-0.585 (-0.79)	-2.174** (-2.43)
N	10899	10899	10899

注：(1) 括号中报告值是 t 统计量；(2) "*""**"和"***"分别表示10%、5%和1%显著性水平。

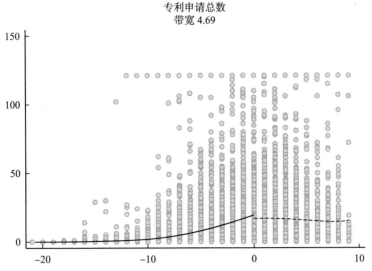

图 4.2　IPO 对创业板公司上市前专利申请总数的影响（断点回归）

注：（1）图中横坐标是专利申请时间，0 为上市当年，纵坐标是专利申请总数；（2）从断点回归结果看，0 附近有明显断点，且上市前高于上市后。

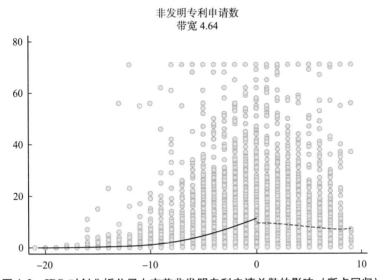

图 4.3　IPO 对创业板公司上市前非发明专利申请总数的影响（断点回归）

注：（1）图中横坐标是专利申请时间，0 为上市当年，纵坐标是专利申请总数；（2）从断点回归结果看，0 附近有明显断点，且上市前高于上市后。

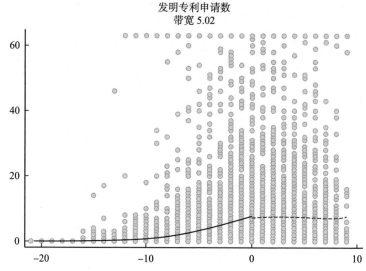

图 4.4   IPO 对创业板公司上市前发明专利申请总数的影响（断点回归）

注：（1）图中横坐标是专利申请时间，0 为上市当年，纵坐标是专利申请总数；（2）从断点回归结果看，0 附近没有明显断点。说明企业上市前突击申请专利，主要通过操纵非发明专利而不是操纵发明专利。

4.5 扩 展 分 析

4.5.1 专利正常增长还是专利操纵

为进一步分析企业上市前专利激增现象背后的原因，以判断这是否是一种专利突击现象。本书进一步分析了创业板公司的研发投入是否也存在上市前激增，上市后增长停滞的现象。如果研发投入也存在这一现象，则说明企业上市前的专利激增有资金投入基础，说明创业板上市前专利激增是企业发展到一定阶段的产物，若创业板公司上市前研发投入没有明显增加，则说明这类企业上市前申请的专利缺乏资金投入的基础，是专利突击的产物。

基于此，本书从招股说明书和年报中手工收集了创业板公司上市前和上市后的研发数据，检验了创业板公司上市前后研发投入的变化，实证模型如下：

$$R\&D_{i,t} = \alpha + \beta \times Pre - IPO_{i,t} + \gamma \times Controls + Industry + Year + Province + \varepsilon_{i,t}$$

$$(4-2)$$

式（4-2）中 R&D 是研发投入变量，采用公司当年研发投入除以营业收入衡量，Pre - IPO 是企业临近上市前变量，与文章主模型的定义一致，若公司当年处于改制至上市期间，$Pre - IPO_{i,t}$ 取值为 1，否则取值为 0。实证结果如表 4.13 所示，从表中可以看出，企业上市前变量（$Pre - IPO_{i,t}$）系数为负，且在 10% 水平上显著，这说明相比上市后，企业上市前研发投入更少，这说明上市前激增的专利数量缺乏相应的资金投入基础，这也说明企业临近上市前专利申请数量激增现象更可能是企业的一种策略性行为，而非企业正常发展的结果。

表 4.13　　　　　　　　　企业上市对研发投入的影响

变量	(1)
	R&D
Pre - IPO	- 0. 002 * (- 1. 78)
Soe	0. 009 *** (3. 03)
Market	0. 020 (1. 17)
Lage	- 0. 008 *** (- 3. 74)
Constant	- 0. 019 (- 0. 42)
Year	YES
Industry	YES
Province	YES

续表

变量	(1)
	R&D
N	5149
adj. R^2	0.211

注：（1）括号中报告值是 t 统计量；（2）"＊"、"＊＊"和"＊＊＊"分别表示 10%、5% 和 1%
显著性水平；（3）本章按公司聚类，并进行稳健的标准误调整。

4.5.2　2014 年政策修订对专利突击申请的影响

2011 年，媒体报道了大量"专利门"事件，例如苏州恒久因披露专利
信息与事实不符，被证监会暂停上市，新大新材和松德包装出现专利纠纷和
专利侵权的案例等。针对"专利门"事件，2014 年，证监会出台《公开发
行证券的公司信息披露内容与格式准则第 28 号——创业板公司招股说明
书》，修订专利信息披露的相关规定。如表 4.14 所示，具体修订有两条，
第一，由企业披露"专利"修改为企业需要披露"已取得的专利"，已申请
但未授权的专利不能披露在招股说明书中；第二，企业需要披露"专利目
前的法律状态"，2014 年证监会政策修订规避了"专利门"事件。对此，本
章考察这一政策对创业板上市公司专利申请行为的影响。

表 4.14　　　　　　　　2014 年前后创业板招股说明书披露政策对比

法律条文	公开发行证券的公司信息披露内容与格式准则第 28 号——创业板公司招股说明书	公开发行证券的公司信息披露内容与格式准则第 28 号——创业板公司招股说明书（2014 年修订）
实施日期	2009 年 7 月 20 日	2014 年 6 月 11 日
需要披露的无形资产	商标、专利、非专利技术、土地使用权、水面养殖权、探矿权、采矿权等	商标、**已取得的专利**、非专利技术、土地使用权、水面养殖权、探矿权、采矿权等
无形资产披露内容	数量、取得方式和时间、使用情况，披露使用期限或保护期、最近一期末账面价值	数量、取得方式和时间、使用情况及**目前的法律状态**，披露使用期限或保护期、最近一期末账面价值

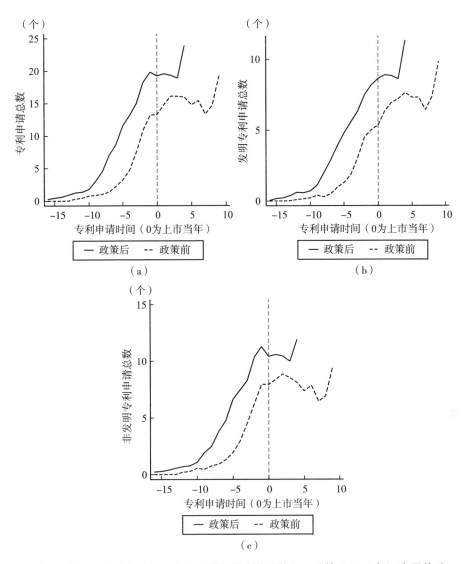

图 4.5　创业板公司上市前后专利申请数量变化趋势图：政策（2014 年）变更前后

　　图 4.5（a）~图 4.5（c）对比了 2014 年证监会修订政策前后专利突击情况的变化，从图中可以看出，2014 年政策修订前后，企业上市前的专利增长率没有明显差异，从专利激增的起点来看，政策修订后，专利激增的起点明显前移，说明 2014 年政策修订并未改善企业专利突击现象，但是企业申请专利的准备时间显著提前，这是由于在政策修订后，企业仅能在招股说

明书中披露已获得的专利情况，所以企业提前准备，使申请的专利能够在上市前得到国家知识产权局授权。

表 4.15 考察了 2014 年政策修订对专利突击申请行为的影响。Post - Policy 是政策修订后虚拟变量，若公司上市日期在政策出台后取值为 1，否则取值为 0，从回归中可以看出，交乘项（Pre - IPO × Post - Policy）系数不显著，说明相比 2014 年政策修订前，2014 年政策修订后，企业上市前专利突击申请行为并没有明显变化，说明 2014 年证监会关于创业板专利信息的政策修订并不能改善企业上市前专利突击申请情况。

表 4.15　2014 年创业板专利信息政策修订对专利突击申请行为的影响

变量	专利总数	发明专利	非发明专利
	（1）	（2）	（3）
	Patent	Invent	Uninvent
Pre - IPO × Post - Policy	- 0. 103 （ - 1. 21）	- 0. 046 （ - 0. 66）	- 0. 105 （ - 1. 34）
Pre - IPO	0. 265 *** （4. 21）	0. 155 *** （2. 78）	0. 226 *** （4. 08）
Post - Policy	- 0. 019 （ - 0. 36）	- 0. 017 （ - 0. 40）	- 0. 014 （ - 0. 31）
Soe	0. 197 （1. 39）	0. 261 ** （2. 01）	0. 092 （0. 89）
Market	0. 099 （0. 35）	0. 413 * （1. 65）	- 0. 205 （ - 0. 79）
Lage	0. 057 * （1. 68）	0. 043 （1. 56）	0. 026 （0. 89）
Constant	- 0. 365 （ - 0. 62）	- 0. 906 * （ - 1. 80）	0. 279 （0. 51）
Year	YES	YES	YES
Industry	YES	YES	YES
Province	YES	YES	YES

变量	专利总数	发明专利	非发明专利
	（1）	（2）	（3）
	Patent	Invent	Uninvent
N	10899	10899	10899
adj. R^2	0.378	0.305	0.339

注：（1）括号中报告值是 t 统计量；（2）"*"、"**"和"***"分别表示10%、5%和1%显著性水平；（3）本章按公司聚类，并进行稳健的标准误调整。

下面本章具体分析这一政策会给企业上市前专利申请行为带来哪些影响，由于在2014年证监会修订披露政策后，已申请但未授权的专利不被允许披露在招股说明书中，已申请但未授权的专利数量"装点门面"的作用减弱，企业在上市前会预估专利授权时间，提前布局申请专利并尽量将未授权专利转化为授权专利，争取在上市前能够获得授权。鉴于以上分析，本章得出以下两个政策效果：（1）企业专利申请时间提前；（2）在政策修订后，企业上市前已申请但未授权的专利数量占专利申请总量的比例显著下降。

表4.16考察了2014年证监会修订专利信息披露政策对企业专利申请策略的影响，回归（1）中被解释变量为 Pre – Year，代表公司在上市前申请的专利申请日期距离招股说明书签署日的时间，Pre – Year 的数值越大，说明公司专利申请日距离招股说明书签署日越远，公司专利申请时间越早，这里要说明的是表4.16的实证样本只保留了公司上市前申请的专利，剔除了公司上市后申请的专利。从回归（1）可以看出，政策出台之后，公司专利申请时间明显提前，说明2014年证监会政策变更促使企业提前准备。回归（2）中被解释变量为 UnGrant Ratio，是指公司在上市前申请的专利中，未授权的专利占比，从表中可以看出，在政策出台之后，公司已申请但未授权的专利占比明显降低，从本部分的实证结果可以看出，政策变更后，企业根据监管部门的政策调整了专利申请策略，这说明了政策变更后，企业与监管部门博弈策略的变化，也进一步说明了企业在上市前突击申请专利是为了迎合证监会对企业创新能力的考核。

表 4.16　　**2014 年创业板专利信息政策修订对专利申请策略的影响**

变量	(1)		(2)	
	Pre – Year		UnGrant Ratio	
Post – Policy	4.446 ***	(18.44)	− 0.128 **	(1.98)
Soe	− 0.030	(− 0.11)	0.001	(0.02)
Market	1.346	(1.48)	− 0.068	(− 0.29)
Lage	− 0.070	(− 0.46)	0.066 **	(2.29)
Constant	10.284 ***	(5.13)	0.594	(1.11)
Year	YES		YES	
Industry	YES		YES	
Province	YES		YES	
N	56119		620	
adj. R^2	0.858		0.284	

注：（1）括号中报告值是 t 统计量；（2）"﹡"、"﹡﹡"和"﹡﹡﹡"分别表示 10%、5% 和 1% 显著性水平；（3）本章按公司聚类，并进行稳健的标准误调整。

4.5.3　创业板与科创板对比

科创板于 2019 年 7 月 22 日开板，截至 2019 年 12 月 31 日，共有 70 家高新技术企业在科创板上市。图 4.6 分别从专利申请总数、发明专利申请数和非发明专利申请数三个方面对比了科创板和创业板公司上市前的专利申请状况。从图 4.6 （a）~ 图 4.6 （c）可以看出，虽然科创板公司上市前专利申请数量增速较快，但是发明专利与非发明专利协同增长，利用非发明专利突击申请的现象不明显。对于创业板，图 4.6 （c）实线比图 4.6 （b）实线更"陡峭"，说明创业板在上市前主要通过申请价值含量低，申请时间短的非发明专利"充数"。

表 4.17 比较了创业板公司和科创板公司上市前专利类型的变化，Invent Ratio 代表发明专利占比，等于公司当年申请的发明专利数量除以专利申请总数，从表 4.17 中可以看出，代表创业板的回归（1）系数在 5% 水平上显

著为负，说明创业板公司临近上市前发明专利占比显著下降，而代表科创板
的回归（2）系数不显著，说明科创板上市公司临近上市前发明专利占比没
有变化。

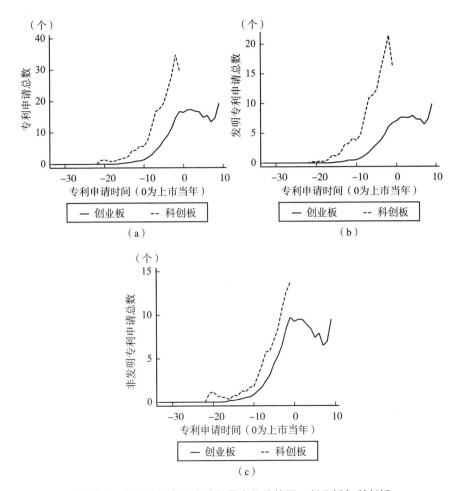

图 4.6　上市前后专利申请数量变化趋势图：创业板与科创板

注：（1）数据来源于国家知识产权局，经作者整理；（2）由于 2019 年专利数据不齐全，在作图时，本章剔除了 2019 年专利申请数据。

表 4.17　　　　　企业上市对发明专利占比的影响：创业板与科创板

变量	Invent Ratio	
	（1）	（2）
	创业板	科创板
Pre－IPO	-0.027** (-2.31)	0.011 (0.24)
Soe	0.070* (1.82)	-0.132 (-1.00)
Market	0.019 (0.15)	0.718** (2.02)
Constant	0.244 (0.87)	-0.944 (-1.24)
Year	YES	YES
Industry	YES	YES
Province	YES	YES
N	6230	624
adj. R^2	0.273	0.305

注：（1）括号中报告值是 t 统计量；（2）"*"、"**"和"***"分别表示 10%、5% 和 1% 显著性水平；（3）本章按公司聚类，并进行稳健的标准误调整。

科创板公司之所以表现出更强的科创属性，可能基于以下几方面原因：第一，科创板首次将"研发投入"和"技术优势"列为符合上市资格的条件之一，说明科创板更加重视企业创新水平，对创新能力的审核更严格。第二，科创板增加了保荐机构跟投机制，将保荐券商利益与拟上市企业捆绑，券商在辅助发行过程中将投入更多的时间和精力核实上市公司申请资料、督促公司遵守上市规定。第三，科创板将股权激励计划涉及的股票份额放宽至总股本的 20%，也规定了更严格的股份减持制度，创业板减持时间是 3 年①，科创板要求股票上市第 4 个会计年度和第 5 个会计年度内，每年减持

———————

① 资料来源：中国证券监督管理委员会网站。

的首发股份不得超过公司股份总数的 2%①。，有效减轻了代理问题和高管离职套现的现象。基于以上几个原因，本章认为科创板上市前利用非发明专利进行专利突击的可能性显著降低。

4.6 本 章 小 结

本章实证检验了创业板公司上市前的策略性创新行为及不同情况下的表现形式。研究发现：创业板公司为了在招股说明书中展示更多的专利数量，发行人在企业改制后和上市前的期间，突击申请专利以使得招股说明书中的专利数量更多；相对获得国家产业政策支持的企业，未获得国家产业扶持的企业突击现象更严重；市场环境较差的地区，企业突击现象更严重；同年申请上市公司的申请专利越多，同侪压力增大，专利突击行为更严重；进一步分析显示，创业板公司上市前研发投入下降，未能表现出与专利一致的"上市前增长、上市后停滞"变化趋势，证明了上市前专利激增是专利操纵而不是正常增长；证监会 2014 年针对创业板"专利门"事件出台的专利披露规定，并未有效缓解专利突击行为，企业将突击时间提前以应对政策变化，另外，科创板不存在类似创业板的专利突击行为，表现出较好的科创属性。

已有研究表明，企业可能会为了获取政府补贴或是高新技术企业资质而在评审前突击申请专利，以达到政府补贴政策和高新技术企业资格所要求的专利数量水平，其主要目的是获得资金缓解融资约束（杨国超等，2017；张杰等，2016）。但这只是企业操纵专利研发的部分影响因素，本书发现，创业板公司上市前突击申请专利，以向外界传递创新能力信号获得稀缺上市资源的专利突击行为，也是企业策略性创新的重要因素之一；然后，资本市场融资的资金数量很可能远多于政府补贴和高新技术企业奖励，导致企业为了获得稀缺上市资源缓解融资约束而进行较为严重的专利操纵行为。本章从资本市场上市的专利信号角度深化了已有研究对专利操纵的理解，丰富对企

---

① 资料来源：中国证券监督管理委员会网站。

业策略性创新行为的认识。创业板企业在上市前突击申请专利，是为了通过更多数量的专利传递企业创新能力信号，以达到顺利上市融资的目的。本章研究了在不同产业政策、不同市场环境和同侪压力下的公司专利申请差异。由于公司经营环境纷繁复杂，面临不同的环境，公司经营者存在不同的选择。分组实证结果提醒我们关注不同情况下企业上市前专利申请行为的选择，以针对性完善相应的上市审查制度。

第5章

创业板公司上市对专利质量的影响

世界知识产权组织报告显示，2019 年中国申请的国际专利（Patent Co-operation Treaty，PCT）已达 5.899 万件，超过美国的 5.784 万件，首次跃居世界第一。自 1985 年实施《专利法》以来，我国专利经历了较快速度的增长，一度引发"专利泡沫""创新假象"的质疑（张杰等，2016；申宇等，2018）。相对国内专利申请，国际专利（PCT）代表更高的专利质量，由国内专利申请量世界第一到国际专利申请量世界第一，彰显我国在专利数量上的显著进步。然而，我们也应该看到，我国专利的质量不高，尤其是核心技术领域与世界先进国家仍存在一定的差距。中美贸易战以来，美国政府泛化国家安全概念，借机打压华为等中国高科技企业，并于 2020 年 9 月 15 日升级技术管制，禁止全球企业向华为供应芯片，说明我国在一些关键的"卡脖子技术"上还有待突破，严峻的外部环境要求我们必须发展高质量专利技术，由知识产权大国向知识产权强国转化。

创新是企业经营最重要的品质①，高质量核心专利是支撑企业经营成功的关键一环。近年来，中国专利激增现象及其背后的政府与企业推动作用成为学者们研究的焦点。在我国，除获取技术垄断地位，提高产品竞争力等传统动机外，专利申请存在更多的非市场性动机（Blind et al.，2006；侯媛媛等，2012；王钦和高山行，2015）。黎文靖和郑曼妮（2016）发现企业为了

---

① 习近平：创新是企业经营最重要的品质［EB/OL］. 人民网，2020 - 09 - 18.

寻求政府扶持会采取"策略性创新"行为,导致专利质量未能与专利数量同步增长;张杰和郑文平(2018)认为我国省区市级政府的专利资助政策激发企业申请更多低质量专利,抑制了我国企业专利质量的提升;杨记军等(2018)则发现为取得高新资质认定,企业会操纵研发投入强度,使其普遍集中于3%左右。学者们的研究表明,企业在经营发展过程中存在政策上的套利行为。创业板旨在缓解中小型高科技企业的融资约束问题,登陆创业板成为不少企业生存和发展的分水岭(徐欣等,2016)。相较于主板,发审委在考察创业板公司上市材料过程中更为注重企业创新能力(张艳伟,2011),而专利能够传递企业创新能力信号,是创业板发审委评价拟上市公司创新性的重要参考指标。那么,创业板公司专利申请质量在上市前会发生怎样的变化?

本章延续上一章的研究,采用国家知识产权局(CNIPA)专利数据,以2009~2018年创业板公司为样本,对企业上市前的专利质量进行实证检验,专利质量分别采用专利合享价值度①和专利被引用数量计量。本章的实证研究发现:第一,随着创业板公司上市前专利数量的激增,专利质量有较大幅度的下滑,相比发明专利,非发明专利质量下滑现象更明显。第二,相较有产业政策扶持的公司而言,没有产业政策扶持的公司专利突击行为更严重,相应地,其专利质量下滑幅度也更大。第三,市场环境较差地区的公司专利突击更严重,其专利质量降幅也更大。第四,同年上市公司申请专利越多,同侪压力越大,公司上市前专利突击越严重,申请的专利质量下降幅度越大。本章的主要贡献是:首先,发现了创业板公司上市前专利质量下降的现象,补充了策略性创新影响因素的文献;其次,在专利质量测定上,除了使用较为常用的专利引用数据外,还利用合享价值度对专利质量进行计量;最后,发现产业政策、市场环境和同侪压力会影响企业上市前专利质量下降的幅度。本章研究拓展了现有文献关于企业策略性创新形成机理的认识,为提升企业上市前专利质量和完善创业板专利披露制度提供了政策建议。

---

① 合享价值度是北京合享智慧公司根据已有专利,利用大数据测算得出新专利的专利质量和价值的一种算法,可以有效衡量专利的质量价值。

本章剩下部分的安排是：5.1 节是假设提出；5.2 节是研究设计；5.3 节是实证结果；5.4 节是稳健性测试；5.5 节是本章小结。

5.1 假 设 提 出

5.1.1 创业板公司上市与专利质量

现有研究表明，企业上市会对专利研发产生负面影响。创新是探索未知领域的一种活动，研发专利周期长、不确定性高。而企业上市作为一种经营行为，通常更关注短期成果，经营压力会导致管理层的短视决策（Fu et al.，2020）。勒纳等（Lerner et al.，2011）发现在上市企业转变为非上市企业的过程中，由于管理层短期经营压力下降，企业的创新质量明显提升。因为创新的长期性特征，专利研发若要成功就必须容忍短期的失败（Manso，2011），田和王（Tian and Wang，2014）在此基础上进一步发现失败容忍度越高的企业专利质量越高。此外，专利申请的动机最初是为了防止模仿（Shane，2001），然而除了传统保护动机之外，获取牌照、奖励和声誉等非传统动机越来越多（Ernst，2003；Blind et al.，2006；Agrawal，2010；侯媛媛等，2012；黎文靖和郑曼妮，2016）。张杰和郑文平（2018）发现企业在申请专利时更多展示其竞争优势信号，忽视专利质量及其转化，导致企业申请专利的质量不高。过度增长的实用新型专利扭曲了专利在企业融资和高新技术资质评定时的信号传递作用，形成市场寻租（毛昊等，2018）。

在中国情景下，创业板公司通常是新创中小型企业，面临较为严重的融资约束。为快速实现创业板上市目标，企业倾向于在上市前大量提交专利申请。根据信号传递理论，信息接收方有最小化信息解读成本的需要。朗（Long，2002）认为当信息接收方面临多个能够反映信息发送方内在属性的信号时，信息接收方更倾向于选择解读成本更低的信号来判断发送方的特性。首先，专利作为企业创新能力的信号，更多数量的专利可以向外界传递企业创新能力强的信号（Conti et al.，2013；张杰等，2016）。发审委委员可能会基于更多专利数量高估企业创新能力，投资者可能基于错误判断给予企业更高的估值。管理层选择授权时间更短的专利，可以在上市前积累更多数量的专利，通过这种手段，企业更容易通过上市资格审核并获得较高的发行估价。根据《专利法》规定及实务经验，实用新型专利和外观设计专利6~18个月就能获得专利授权，远短于发明专利授权所需的3~4年，并且不存在实质审查环节，导致非发明专利的授权程序更简单、授权时间更短（张杰和郑文平，2018）。同时，由于缺少实质审查环节，非发明专利的创新性也就是专利质量显著低于发明专利。通常，实用新型专利被视为发明专利的"附属"，又被称为"小发明"。管理层选择非发明专利进行报表粉饰，显然会拉低企业申请专利的质量。其次，企业申请专利的质量需要经过长时间的市场检验才能通过被引用次数、质押转让情况等指标予以体现出来。企业临近上市突击申请的大量专利，质量很难度量。李晓霞等（2019）发现政府无法准确判断不同种类专利之间存在的价值差异，税收优惠主要基于专利数量而不是专利质量。同理，企业上市前为实现上市目标而突击申请专利，资格审查机构无法在短时间内判断其质量。企业就能利用专利数量传递创新能力信号，顺利实现上市目的。最后，创业板公司大多属于高科技企业，专利较强的专业性难以被非专业人士有效识别。即使发行人在展示时列入更多低质量低价值专利，投资者不能识别专利质量而只能从企业拥有的专利数量进行评判。所以，企业尽可能在招股说明书中列入更多数量的专利，以专利数量向外界传递市场竞争优势信号，较少关注专利质量及其转化，造成企业申请低质量专利的恶性循环（张杰和郑文平，2018）。

从企业的角度来看，由于证监会对创业板上市公司的盈利能力有一定要求[①]，为了获取上市资格，创业板拟上市公司不仅需要申请专利向发审委传递企业高创新能力的信号，还要通过盈余管理等手段提高上市前的盈利水平。周等（Zhou et al.，2019）发现为满足证监会对上市企业业绩水平的要

[①] 例如，对于创业板而言，根据《首次公开发行股票并在创业板上市管理办法》规定，发行人公开发行股票需满足以下条件，"最近两年连续盈利，最近两年净利润累计不少于一千万元；或者最近一年盈利，最近一年营业收入不少于五千万元。"

求，创业板公司在上市前会削减研发投入，资金减少会阻碍企业创新活动的开展，单位投入减少势必也会影响作为创新产出的专利质量。因此，在研发投入受限的情况下，企业不得不申请一些低质量专利来实现上市目标。基于以上分析，提出假设 5-1 和假设 5-2。

假设 5-1：创业板公司临近上市前的专利质量更低。

假设 5-2：相较于发明专利，非发明专利质量下降更明显。

5.1.2　创业板公司上市与专利质量：基于产业政策视角

中国是实行产业政策较多的国家，一般认为，产业政策带来更多的资金和政策照顾，对企业发展有显著的促进效应。产业政策支持的鼓励性行业能够享受更多的政策和金融支持，更容易获得市场准入、上市审批等资格便利（周亚虹等，2015），表现为政府"帮扶之手"的促进效应。专利研发是一个长期的复杂过程，研发成功需要大量资金（Chemmanur et al.，2014）。余明桂等（2016）发现产业政策通过财政、税收、金融和行政管制等机制促进企业的技术创新，能够显著提升被鼓励行业的专利产出数量。金宇等（2019）考察了选择性产业政策对企业专利质量的影响，他们认为选择性产业政策能够显著提高企业专利质量，其作用机制是产业政策缓解企业融资约束和提升企业员工稳定性。产业政策为专利研发带来资金保障，同时留住核心员工确保团队稳定。产业政策为企业专利研发提供多方面的保障，尤其能够改善企业资金状况和外部融资环境，极大缓解企业发展面临的融资约束问题。

选择性产业政策对专利质量有促进作用，首先，因为产业政策带来更多的财税优惠和信贷便利，极大地缓解企业的融资约束（金宇等，2019）。一方面，企业创新探索未知领域的知识，研究领域相对狭窄和专业，研发者与外界具有较大的信息不对称性。企业出于保密需要而较少地向外界披露研发信息，投资者由于缺乏了解而采取更加谨慎的投资态度。另一方面，创业板公司大多属于高科技企业，企业研发较多导致资产结构中更大比例的部分体现为无形资产，因而不符合风险厌恶的银行债权人对贷款抵押物的要求。其次，创业板公司由于规模小也不能符合主板上市的财务要求。创业板公司面临更为严重的融资约束。产业政策反映了政府对新兴产业的重视，极大缓解新兴科技企业的融资约束。首先，企业要符合产业政策的范围界定和门槛，只有符合政府产业政策的要求，企业才可能有资格获得更多的补贴；其次，产业政策提供的财税补贴或是优惠信贷，较大程度减小了企业研发成本（张杰等，2016）；最后，产业政策传递了政府认证的信号，有利于企业获取其他来源的资金。产业政策支持相当于政府为企业提供信用良好的背书保证，在政府认证支持下，企业开展经营活动可以获得多方面的便利。

产业政策除了帮助企业缓解融资约束外，还能够加大对企业人力资源的保障。研发很大一部分成本体现为研发人员的报酬和福利。研发人员的价值随着研发进程的推进而逐渐加大，研发过程中的人员离职，既是智力资本的流失，也会产生较大的调整成本。产业政策在维持研发人员稳定层面发挥了两方面的作用，一方面，产业政策带来的资金确保了研发经费的稳定，研发人员能够在较为优越的环境中稳定工作；另一方面，产业政策代表着国家支持，代表未来的发展方向，通过提升研发人员的未来预期来降低离职率。

相对地，没有产业政策支持的企业，不能享受各方面的政策鼓励和资金照顾，无法缓解高科技企业更为严重的融资约束。另外，由于缺少资金，不能保障研发人员的报酬和研发的持续运行，研发人员也因为看不到良好前景而引发队伍核心人员不稳定，研发成本加大，进一步加剧了企业的融资约束，核心技术人员离职带来产品质量下降。由于缺乏产业政策扶持，没有产业政策支持的企业为缓解融资约束具有更紧迫的上市压力。因而，提出以下假设。

假设5-3：无产业政策支持的企业，临近上市前申请的专利质量降幅更大。

5.1.3 创业板公司上市与专利质量：基于市场环境视角

在中国"新兴+转轨"特征的市场经济条件下，不同市场环境会影响企业申请专利的质量。地方政府官员为了满足晋升需求，扭曲了对金融资本等资源对企业创新行为的支持。在中国地方政府 GDP 锦标赛背景下，政府会主动干预企业经营，将税收优惠和融资便利等利好因素投向风险低、见效快、易考核的"短平快"项目，金融资源流向技术含量低的重复性机械研发，不利于探索性项目的资金供给，严重影响探索性创新的研发质量（徐浩，2018）。在较差市场环境中，制度环境和寻租活动增加企业生产经营中的制度性交易成本，侵占企业现金流，企业不得不减少创新研发投入，加剧了资金紧张（Yan et al.，2018）。另外，市场环境较差，政府行政审批中心效率越低，且政府更少地使用税收激励等措施，进一步增加企业的制度性交易成本。较好市场环境意味着政府干预的减少，企业资源配置和生产经营依照市场化原则实现最优配比，企业有激励进行高质量研发，根据自身需要和特点提高研发能力。较好市场环境地区，法治意识和执法力度的提高都为企业创新提供强有力的法律保障，提升了企业利用专利增加未来收益的预期（纪晓丽，2011，孟猛猛等，2021）。

内生增长理论忽视政府机构质量对创新的影响。然而，区域创新环境却把政府机构视为关键因素，政府机构质量能够影响企业创新绩效（经济合作与发展组织，2011）。较好市场环境地区，高效政府制定的长期创新战略更有可能实施落地，政府的社会信任程度更高，有效地提升了企业创新的激励和预期；政府运行质量提高有效促进程序正义和社会公平，高效完善的司法体系能够最大限度保护原始创新的收益；另外，高效政府的财政支出及其结构也有利于企业创新，治理能力较好的政府将会给予教育和科学技术更多的投入，更少的寻租活动和腐败风险促进区域知识的溢出和流动（夏后学等，2019）。相反，当一个地区市场环境越差时，政府更多干涉企业经营，企业承担更多的政治任务增加了运行成本，并且降低企业市场化决策，企业创新不足；政府的执法水平低下而无法制止侵权问题，企业家精神和运营收益都受到影响；此外，较差市场环境地区的寻租活动频繁，严重压制企业正常生长的发展空间，企业不得不腾出更多的时间和费用来应对各种非生产活动。在较差市场环境中，知识产权保护水平不高，法律惩治不严而导致专利侵权、品牌模仿等行为广泛长期存在，创新外溢严重导致企业创新意愿不高。另外，企业担心技术机密外泄，更少地向外披露较高质量的技术研发情况，加大了信息不对称，导致更严重的融资约束，影响企业进行长期的高质量研发。

专利受外部市场环境影响较大，不同的市场环境显著影响专利产出的质量水平。在较好市场环境的地区，企业可以有效避免机械重复的技术模仿而致力于更高质量和效率的专利产出（Yang and Maskus，2009）；非市场化因素则会影响低市场化程度区域的创新水平，异地先进技术不能被区域内企业很好地吸收和转化，企业缺少高质量创新研发的激励（Andrea and Adriano，2008）。另外，政府治理水平、地区金融发展和法治程度通常与市场化程度相适应，较高市场化程度的地区，一般具有适合专利发展的政治环境和市场氛围。宋河发等（2014）实证测度中国各省区市的专利质量，发现专利质量呈东中西依次降低的布局，我国疆域广阔，东部地区的要素发展水平、中介发展水平和市场发展水平更高。

较好市场环境能够提供较好的要素市场，金融、土地、劳动力等创新资源能够保障企业进行高质量创新；较为公平的市场竞争环境，增加了企业创新收益的预期；行政审批中心的高效和寻租活动的减少，降低了企业制度性交易成本，企业投入创新的资金更多；此外，良好的法制环境保障企业进行实质性创新的回报，有效减少企业策略性创新的动机。王兰芳等（2019）发现在市场化水平较高的地区，企业会减少专利粉饰行为，而在市场化程度较低的地区，企业会通过增加实用新型专利，粉饰研发能力，降低了地区专利质量。因此，提出假设 5 - 4。

假设 5 - 4：市场环境较差地区企业上市前的专利质量更低。

5.1.4 创业板公司上市与专利质量：基于同侪压力视角

同侪效应是指企业在经营决策时受到群体内其他公司影响的现象。同侪效应的研究经历了从社会学、心理学到经济学、管理学的发展阶段，研究对象从个体到企业再到行业层面。学者们最初研究了同侪压力对个体行为的风险偏好、犯罪倾向及学习成绩等方面影响，后来的研究重点逐步转向企业及其管理层经营行为的研究。陈和常（Chen and Chang，2013）发现同业竞争企业之间的现金持有具有显著同侪效应，特别是融资约束严重或是研发支出较高的企业更倾向于学习其他企业持有更多的预防性现金。万良勇等（2016）研究我国 A 股上市公司 2003～2014 年的并购事件，发现我国上市公司并购行为中的同侪效应。罗福凯等（2018）及彭镇等（2020）均发现了我国企业基于获取决策信息和保持竞争优势的同侪效应。

利伯曼和阿沙巴（Lieberman and Asaba，2006）认为信息学习假说和竞争学习假说是同侪效应的两个动力机制。创业板公司上市前的专利申请行为，也深受这两个假说的影响。企业创新探索未知领域，具有较大的不确定性，加上创新速度越来越快，企业管理层在创新上投入较多却收效较少。相对而言，参考同伴企业的创新决策，能够较好地节约创新时间及其投入。由于创业板公司上市审核重视对企业专利等无形资产的核查，企业在上市前申请更多数量的专利，创业板开板不到一年就爆发了"专利门事件"。拟上市企业从"专利门事件"中感受到专利对于创业板上市的重要性，也能吸取"专利门事件"中上市失败的经验教训，另外，拟上市企业看到其他上市成功企业的策略性申请更多专利的"成功上市经验"，有动机进行策略性专利申请。既往的专利申请为后发拟上市企业提供充足的经验模板，拟上市企业学习上市企业的经验，一方面，上市前更多地申请专利，另一方面，更多申请非发明专利以增加上市前专利数量。相较于发明专利，非发明专利的质量更低，企业学习既往经验进行上市前专利突击的行为，将会拉低企业上市前申请的专利质量。

除了信息学习假说，企业研发决策也受竞争学习假说影响。专利具有较高的专业性，包括发审委委员在内的政府工作人员及其外部非专业人士，无法有效识别企业专利的质量，只能用专利数量判定企业创新水平。同群企业申请更多数量专利的策略性创新行为，对同时申请创业板上市的其他企业是一种有力的警示。如果发审委委员根据专利数量来决定企业上市资格，外部投资者将企业市场估值与专利数量挂钩，专利数量更少的企业必将处于不利地位，由此引发上市前的专利竞赛。同时，创业板上市考核企业的利润等财务指标，IPO 的业绩压力和现金流约束成为企业的两难选择（黄亮华和谢德仁，2014）。周等（Zhou et al.，2019）研究发现了中国创业板公司上市前削减研发投资以提高获得上市审批的可能性，违背了创业板成立初衷。在研发投入总金额减少的情况下，专利数量大幅上升，单位专利投入的减少，会显著降低研发专利的质量。非发明专利的创新要求较低，相应地投入也更少，单位研发投入的减少，对应更多非发明专利的申请。因此，同期其他公司申请专利越多，相应地同侪压力越大，企业突击程度更严重，更多的策略性创新行为可能会导致专利质量下滑。由此，本章提出以下假设。

假设 5-5：同年上市公司申请的专利数量更多，同侪压力更大，创业板公司上市前的专利质量更低。

5.2 研究设计

5.2.1 样本选择与数据来源

本章选择 2009~2018 年中国创业板上市公司为样本，考察企业上市前专利突击申请对专利质量的影响。公司财务数据、产权性质数据来源于 CS-MAR 和 Wind 数据库，并进行如下筛选：（1）剔除金融行业；（2）剔除研究期间内相关数据缺失的样本；（3）剔除上市前所有年度专利申请总数少于 3 的公司，经翻阅招股说明书，本章发现专利申请数量小于 3 的公司基本属于软件 IT 行业，其创新能力主要体现为软件著作权、操作系统等无形资产，专利不是评价其创新能力的关注点。

本章研究使用到的数据库主要有以下方面：

第一，使用国家知识产权局数据库作为基本库，获取我国 1985 年以来的所有专利及其相关信息，这是我国收录国内专利基础信息最为完整的数据库。笔者手工翻阅招股说明书，收集公司名称、曾用名及子公司名称，并与国家知识产权局专利数据库中的申请人信息相匹配，得到创业板公司的基础专利，作为本章研究的数据基础。

第二，基于合享智慧数据库获取专利的合享价值度作为专利质量的衡量指标。合享价值度评价体系利用数据挖掘方式，通过以下过程对专利价值和质量进行评价：首先，将已授权专利分为高价值专利组和低价值专利组；其次，研究高价值专利组和低价值专利组的基础指标差异，包括专利类型、被引证次数、同族个数、权利要求数量、IPC 分组以及剩余有效期等 20 余个指标，这些指标已被学者们广泛使用以评估专利质量及其价值（范霍文等，2003；Verhoeven et al.，2016；徐明和陈亮，2018）；再次，根据每个指标影响力确定影响因子，并优化调整因子使指标权重趋于合理；最后，将以上指标和因子计算应用到每一件专利中，用于价值度排序，分值为 1 ~ 10，得分越高，专利质量及其价值相应地更高。合享价值度的优势在于指标全部为客观参数，受人为因素影响较小；使用多个参数综合评价，评估效果优于单一指标。所以，合享价值度作为一种较为成熟和科学的评价方式，越来越多地被学者们使用在学术研究中作为专利质量和价值的测量指标（陈丹丹等，2019；何守兵等，2019）。

第三，基于 CSMAR 和 Wind 数据库获取公司财务数据等信息，包括公司成立时间、规模、子公司、产权性质、财务杠杆、产权比率、第一大股东持股比例。这些公司财务数据有助于展示企业全貌，通过对数据进行分析，我们可以了解到企业的运营状况和融资约束程度，并通过手工翻阅上市公司招股说明书获得企业改制和上市时间。

第四，基于 CNRDS 数据库的产业政策研究数据库（Industrial Policy Research Database，IPRD）获取产业政策数据。根据中央五年规划的文件将产业政策分为鼓励、中性和抑制三类，本书将鼓励类和中性类企业归为有产业政策支持，将没有提及的抑制类企业归为没有产业政策支持。

第五，樊纲市场化指数。《中国市场化指数》报告（2016 年版）从五个方面对各省市级行政区 2008 ~ 2014 年的市场化改革进程进行了客观评价，其中包括政府与市场关系、非国有经济发展、产品要素市场的发育和法律制度环境等方面，通过科学方法统计出各地区的市场化程度，是国内学者研究我国区域市场化程度的常用指标（王小鲁等，2017）。

第六，同侪压力的判定，根据同年度在创业板上市其他公司专利突击程度，高于公司改制到上市专利申请数量的年增长率的中位数，视为同侪压力大;否则,视为同侪压力小。选取中位数时,本章选取出现在样本中的所有企业专利进行排序。

5.2.2 模型设定与变量定义

借鉴伯恩斯担(Bernstein,2015)和张劲帆等(2017),本章设计模型(5-1)考察 IPO 前专利突击对专利质量的影响:

$$Quality_{i,t} = \alpha + \beta \times Pre\text{-}IPO_{i,t} + \gamma \times Controls + Industry + Year + Province + \varepsilon_{i,t}$$

$$(5-1)$$

$Quality_{i,t}$是 i 公司 t 年申请专利的质量,其中,专利质量采用专利被引用量和专利价值度衡量。$Pre\text{-}IPO_{i,t}$是企业临近上市前变量,若公司当年处于改制[①]至上市期间,则 $Pre\text{-}IPO_{i,t}$ 取值为 1,否则取值为 0,样本中公司改制至上市时长平均为 4.93 年,改制时间通过手工翻阅招股说明书获得。Controls 是研发影响因素,参考以往文献,包括产权性质、市场化程度、公司存续时间等指标,并控制了行业、年度和省份固定效应,并经过稳健标准误调整。连续变量经过 1% 的缩尾处理。变量详细说明如表 5.1 所示。

表 5.1 变量说明

被解释变量	
Value	专利价值度,等于 ln(i 公司 t 年申请专利的平均价值度 +1),其中专利价值度采用北京合享智慧科技有限公司开发的专利质量评价体系得到
Citations	专利被引用次数,等于 ln(i 公司 t 年申请专利的平均被引用次数 +1),并经过中心化处理,借鉴伊斯拉米和热恩(Islam and Zein,2020)
Pre-IPO	公司临近上市前虚拟变量,若该年度处于公司改制至上市期间,取值为 1,否则取值为 0

---

① 即公司由有限公司整体变更为股份公司。从公司上市的基本业务流程来看,一般要经历有限公司变更为股份公司、上市辅导、发行申报与审核、股票发行与挂牌上市等阶段。

续表

控制变量	
Lage	上市公司存续时间
Soe	产权属性，公司实际控制人为国有性质，等于 1，否则，等于 0
Market	市场化程度，等于 ln（上市公司所在省份市场化指数 + 1），市场化指数来自王小鲁等（2017）的市场化指数总得分
分组变量	
Ind Policy	产业政策虚拟变量，有产业政策支持，则取值为 1，否则为 0
High Market	市场环境虚拟变量，市场化程度高于中位数，取值为 1，否则为 0
Peer Effect	同侪压力虚拟变量，若同年度其他公司上市前专利突击程度高于中位数，取值为 1，否则为 0

5.3　实证结果

5.3.1　描述性统计分析

如表 5.2 所示提供了变量的描述性统计结果。从表中可知，所有变量均在正常范围之内，说明对连续变量进行缩尾处理（Winsorize）之后，已不再受极端值影响。

表 5.2　　　　　　　　　　描述性统计

变量	观测值	均值	标准差	MIN	P25	P50	P75	MAX
Value	3841	2.038	0.237	1.266	1.946	2.079	2.197	2.398
Citations	3841	1.431	0.737	0	0.945	1.401	1.946	3.091
Pre – IPO	3841	0.411	0.492	0	0	0	1.000	1.000

续表

变量	观测值	均值	标准差	MIN	P25	P50	P75	MAX
Soe	3841	0.049	0.215	0	0	0	0	1.000
Market	3841	2.177	0.180	1.581	2.084	2.188	2.285	2.488
Lage	3841	2.132	0.600	0	1.792	2.197	2.565	3.219
Ind Policy	3841	0.471	0.499	0	0	0	1.000	1.000
High Market	3841	0.450	0.498	0	0	0	1.000	1.000
Peer Effect	3834	0.536	0.499	0	0	1.000	1.000	1.000

5.3.2 相关系数分析

从相关系数分析可知（见表 5.3），公司临近上市前虚拟变量（Pre - IPO）与专利平均被引用数量（Citation）显著负相关，说明创业板上市公司临近 IPO 前，申请专利的质量更低。

表 5.3 相关系数分析

变量	Pre - IPO	Value	Citations	Soe	Market	Lage
Pre - IPO	1.00	0.02	−0.03 **	0	−0.11 ***	0.24 ***
Value	0.03 **	1.00	0.44 ***	0.02	−0.05 ***	0.01
Citations	−0.03 *	0.47 ***	1.00	0.08 ***	−0.01	−0.03 *
Soe	0.04 ***	0.04 **	0.08 ***	1.00	−0.13 ***	0.03 *
Market	−0.03 **	−0.04 ***	−0.01	−0.15 ***	1.00	−0.02
Lage	0.35 ***	0.06 ***	−0.04 **	0.02 **	0.13 ***	1.00

注：（1）"＊"、"＊＊"和"＊＊＊"分别表示 10%、5% 和 1% 显著性水平；（2）左下三角部分为 Pearson 相关系数检验结果，右上三角部分为 Spearman 相关系数检验结果。

5.3.3　结果与讨论

1. 创业板公司上市对专利质量的影响

表 5.4 从专利价值度视角，考察创业板公司上市对专利质量的影响，由于专利价值度受时间影响较大，申请时间近的专利价值度更低，但这并不是由于专利质量低所致，而是由于申请时间近的专利天然的引用量较低，为保持数据客观性，借鉴亨德森等（Henderson et al.，2014）的研究，本章剔除了申请时间距今少于 5 年的样本，采用 2009 ~ 2013 年样本检验假设 5 - 2。从表中可以看出，回归（1）企业临近上市前虚拟变量（Pre - IPO）系数在 1% 水平上显著为负，说明创业板上市公司临近上市前申请的专利质量更低。代表发明专利的回归（2）系数不显著，代表非发明专利的回归（3）系数在 5% 水平上显著为负，说明相较于发明专利，创业板公司专利突击申请对非发明专利质量的影响更明显，验证了本章的假设 5 - 1 和假设 5 - 2。

表 5.4　　　　　　　　　　企业上市对专利申请质量的影响

变量	Value		
	（1）	（2）	（3）
	专利总数	发明专利	非发明专利
Pre - IPO	- 0. 027 *** （ - 2. 88）	- 0. 007 （ - 0. 63）	- 0. 024 ** （ - 2. 22）
Soe	0. 045 * （1. 84）	0. 030 （1. 29）	0. 058 ** （2. 16）
Market	- 0. 345 *** （ - 2. 70）	0. 048 （0. 33）	- 0. 309 ** （ - 1. 99）
Constant	2. 380 *** （8. 23）	1. 761 *** （5. 52）	2. 249 *** （6. 45）
Year	YES	YES	YES
Industry	YES	YES	YES

续表

变量	Value		
	(1)	(2)	(3)
	专利总数	发明专利	非发明专利
Province	YES	YES	YES
N	3841	3013	3024
adj. R^2	0.160	0.095	0.217

注：（1）括号中报告值是 t 统计量；（2）"＊"、"＊＊"和"＊＊＊"分别表示 10%、5% 和 1% 显著性水平；（3）本书按公司聚类，并进行稳健的标准误调整。

2. 创业板公司上市对专利质量的影响：基于产业政策视角

表 5.5 考察了不同产业政策下上市对专利质量的影响。回归（1）、（3）、（5）代表上市对产业政策扶持的企业专利质量的影响，回归（2）、（4）、（6）代表上市对没有产业政策扶持的企业专利质量的影响。从表 5.5 可知，回归（1）、（3）和（5）系数均不显著，说明产业政策扶持的创业板公司上市前专利质量变化不明显。回归（2）、（4）和（6）的系数分别在 1%~5% 水平上显著为负，而且相比回归（4），回归（6）的系数绝对值更大，系数更显著，说明没有产业政策支持的公司上市前专利质量明显下降，而且相较于发明专利，非发明专利质量下降幅度更大，从而验证了本章假设 5-3。

表5.5　　　　　企业上市对专利申请质量的影响：基于产业政策视角

变量	Value					
	专利		发明专利		非发明专利	
	(1)	(2)	(3)	(4)	(5)	(6)
	产业政策扶持	无产业政策扶持	产业政策扶持	无产业政策扶持	产业政策扶持	无产业政策扶持
Pre - IPO	-0.016 (-0.93)	-0.043 *** (-3.16)	0.023 (1.21)	-0.031 ** (-1.99)	-0.018 (-0.88)	-0.046 *** (-2.81)

续表

变量	Value					
	专利		发明专利		非发明专利	
	(1)	(2)	(3)	(4)	(5)	(6)
	产业政策扶持	无产业政策扶持	产业政策扶持	无产业政策扶持	产业政策扶持	无产业政策扶持
Soe	0.055* (1.85)	0.038 (1.03)	0.022 (0.89)	0.041 (0.94)	0.094** (2.48)	0.001 (0.04)
Market	−0.248 (−1.38)	−0.438*** (−2.66)	0.122 (0.59)	−0.005 (−0.03)	−0.179 (−0.80)	−0.393** (−1.97)
Constant	2.223*** (5.49)	2.643*** (7.55)	1.512*** (3.33)	2.100*** (4.96)	2.025*** (4.02)	2.583*** (5.93)
Year	YES	YES	YES	YES	YES	YES
Industry	YES	YES	YES	YES	YES	YES
Province	YES	YES	YES	YES	YES	YES
N	1811	2030	1434	1579	1460	1564
adj. R^2	0.182	0.182	0.143	0.068	0.212	0.284

注：（1）括号中报告值是 t 统计量；（2）"*"、"**"和"***"分别表示 10%、5% 和 1% 显著性水平；（3）本章按公司聚类，并进行稳健的标准误调整。

3. 创业板公司上市对专利质量的影响：基于市场环境视角

表 5.6 从市场环境的角度，检验了创业板公司上市对专利质量的影响。回归（1）、（3）和（5）代表上市对良好市场环境地区的企业专利质量的影响，回归（2）、（4）、（6）代表上市对较差市场环境地区的企业专利质量的影响。从表 5.6 可知，回归（1）系数在 10% 水平上显著为负，回归（3）和回归（5）系数均不显著，说明在良好市场环境地区，创业板公司上市前专利质量下降的现象不明显。代表较差市场环境地区的回归（2）、（4）、（6）中，回归（2）和回归（6）系数在 1%～5% 水平上显著为负，回归（4）系数不显著，说明在较差市场环境地区，创业板公司上市前申请的专利质量明显下降，而且相较于发明专利，非发明专利质量下降更明显，从而验证了本章假设 5-4。

表 5.6　　　　　企业上市对专利申请质量的影响：基于市场环境视角

变量	Value					
	专利		发明专利		非发明专利	
	(1)	(2)	(3)	(4)	(5)	(6)
	良好市场环境	较差市场环境	良好市场环境	较差市场环境	良好市场环境	较差市场环境
Pre – IPO	− 0.025 *	− 0.031 ***	− 0.003	− 0.014	− 0.017	− 0.030 **
	(− 1.76)	(− 2.60)	(− 0.15)	(− 1.08)	(− 0.95)	(− 2.15)
Soe	0.031	0.044 *	0.037	0.024	0.056 *	0.055 *
	(0.99)	(1.65)	(1.35)	(0.81)	(1.85)	(1.75)
Market	− 0.528 ***	− 0.028	− 0.067	0.212	− 0.513 **	0.008
	(− 3.04)	(− 0.15)	(− 0.29)	(0.95)	(− 2.35)	(0.04)
Constant	2.936 ***	1.841 ***	2.080 ***	1.317 ***	3.132 ***	1.702 ***
	(7.46)	(3.96)	(3.92)	(2.61)	(6.29)	(3.38)
Year	YES	YES	YES	YES	YES	YES
Industry	YES	YES	YES	YES	YES	YES
Province	YES	YES	YES	YES	YES	YES
N	1727	2114	1350	1663	1345	1679
adj. R^2	0.160	0.163	0.120	0.071	0.225	0.229

注：（1）括号中报告值是 t 统计量；（2）"*"、"**"和"***"分别表示10%、5%和1%显著性水平；（3）本章按公司聚类，并进行稳健的标准误调整。

4. 创业板公司上市对专利质量的影响：基于同侪效应视角

表5.7从同侪压力角度，检验了创业板公司上市对专利质量的影响。回归（1）、（3）、（5）代表上市对同侪压力大的企业专利质量的影响，回归（2）、（4）、（6）代表上市对同侪压力小的企业专利质量的影响。从表5.7可以看出，回归（1）、（3）、（5）的系数在1%~10%水平上显著为负，而且相较于回归（3），回归（5）的系数绝对值更大，显著性也更强，说明同侪压力大的企业上市前专利质量下降更明显，而且相较于发明专利，非发明专利质量下降更明显。回归（2）、（4）、（6）的系数均不显著，说明同侪压力小的企业上市前专利质量下降不明显，从而验证了本章假设5 –5。

表 5.7   企业上市对专利申请质量的影响：基于同侪压力视角

变量	Value					
	专利		发明专利		非发明专利	
	(1)	(2)	(3)	(4)	(5)	(6)
	同侪压力大	同侪压力小	同侪压力大	同侪压力小	同侪压力大	同侪压力小
Pre – IPO	-0.048 *** (-3.42)	-0.019 (-1.32)	-0.010 * (-1.81)	-0.006 (-1.04)	-0.054 *** (-3.16)	-0.005 (-0.31)
Soe	-0.052 (-1.42)	0.089 *** (2.61)	-0.007 (-0.97)	-0.004 (-0.26)	-0.029 (-0.74)	0.101 *** (3.04)
Market	-0.465 ** (-2.40)	-0.219 (-1.19)	0.013 (0.16)	0.066 (0.88)	-0.455 * (-1.96)	-0.139 (-0.68)
Constant	2.895 *** (6.76)	2.121 *** (5.35)	2.173 *** (11.84)	2.070 *** (13.51)	2.757 *** (5.47)	1.835 *** (4.17)
Year	YES	YES	YES	YES	YES	YES
Industry	YES	YES	YES	YES	YES	YES
Province	YES	YES	YES	YES	YES	YES
N	1801	1915	1242	1326	1437	1587
adj. R^2	0.249	0.207	0.176	0.156	0.248	0.242

注：（1）括号中报告值是 t 统计量；（2）" * "、" ** "和" *** "分别表示 10%、5% 和 1% 显著性水平；（3）本章按公司聚类，并进行稳健的标准误调整。

5.4   稳健性检验

5.4.1   临近上市变量的其他衡量方式

本章还采用其他衡量临近上市前的变量以检验结论的稳健性，具体而言，若该年度处于公司上市前 3 年，临近上市前变量 Pre – IPO [-3, 0] 取值为 1，否则取值为 0。改变临近上市变量的衡量方式后，企业上市对专利质量的影响如表 5.8 所示，从表 5.8 来看，回归（1）和回归（3）的系数在 1% ~ 5% 的水平上显著为负，回归（2）系数不显著，说明企业在临近上市前申请的专利质量更低，而且相较于发明专利，非发明专利质量下降的现象更明显。与本章主要结论保持一致。

表 5.8　　　　企业上市对专利申请质量的影响（改变临近上市变量）

变量	Value		
	(1)	(2)	(3)
	专利	发明专利	非发明专利
Pre - IPO ［-3, 0］	-0.021 ** (-2.28)	-0.003 (-0.26)	-0.032 *** (-3.02)
Soe	0.044 * (1.82)	0.031 (1.31)	0.058 ** (2.10)
Market	-0.344 *** (-2.68)	0.046 (0.32)	-0.302 * (-1.94)
Constant	2.377 *** (8.21)	1.763 *** (5.53)	2.234 *** (6.41)
Year	YES	YES	YES
Industry	YES	YES	YES
Province	YES	YES	YES
N	3841	3013	3024
adj. R^2	0.158	0.095	0.218

注：（1）括号中报告值是 t 统计量；（2）"*"、"**" 和 "***" 分别表示 10%、5% 和 1% 显著性水平；（3）本章按公司聚类，并进行稳健的标准误调整。

表 5.9 ~ 表 5.11 分别从产业政策、市场环境和同侪压力三个维度对企业上市对专利质量的影响进行了稳健性测试。在表 5.9 中，回归（1）、（3）、（5）表示有产业政策支持的企业上市前专利质量的变化，回归（2）、（4）、（6）表示没有产业政策支持的企业上市前专利质量的变化。从表 5.9 可知，回归（1）、（3）、（5）系数不显著，说明有产业政策支持的企业上市前专利质量没有明显变化。回归（2）、（4）、（6）的系数均在 5% 水平上

显著为负，而且回归（6）系数的绝对值比回归（4）更大，说明没有产业政策支持的企业上市前专利质量明显下降，相较于发明专利，非发明专利的质量下降更显著。

表 5.9　　　　企业上市对专利申请质量的影响：基于产业政策视角

（改变临近上市变量）

变量	Value					
	专利		发明专利		非发明专利	
	（1）	（2）	（3）	（4）	（5）	（6）
	产业政策扶持	无产业政策扶持	产业政策扶持	无产业政策扶持	产业政策扶持	无产业政策扶持
Pre – IPO [– 3，0]	– 0.011 （ – 0.57）	– 0.031 ** （ – 2.02）	– 0.007 （ – 1.02）	– 0.013 ** （ – 2.01）	– 0.022 （ – 0.95）	– 0.034 ** （ – 1.97）
Soe	0.068 * （1.93）	0.003 （0.09）	0.003 （0.17）	– 0.004 （ – 0.39）	0.095 ** （2.48）	0.001 （0.02）
Market	– 0.263 （ – 1.28）	– 0.356 ** （ – 2.17）	0.087 （0.99）	0.016 （0.21）	– 0.144 （ – 0.63）	– 0.423 ** （ – 2.11）
Constant	2.320 *** （4.98）	2.594 *** （7.32）	2.031 *** （9.91）	2.146 *** （13.90）	1.941 *** （3.78）	2.636 *** （6.01）
Year	YES	YES	YES	YES	YES	YES
Industry	YES	YES	YES	YES	YES	YES
Province	YES	YES	YES	YES	YES	YES
N	1716	2000	1170	1398	1433	1591
adj. R^2	0.190	0.250	0.143	0.195	0.210	0.280

注：（1）括号中报告值是 t 统计量；（2）"*"、"**"和"***"分别表示10%、5%和1%显著性水平；（3）本章按公司聚类，并进行稳健的标准误调整。

表 5.10 考察了不同市场环境下，上市对创业板公司专利质量的影响，回归（1）、（3）、（5）表示良好市场环境地区企业上市前专利质量的变化，回归（2）、（4）、（6）表示较差市场环境地区企业上市前专利质量的变化。从表 5.10 可知，回归（1）和（3）系数在10%水平上显著为负，回归

（5）系数不显著，回归（2）、（4）、（6）的系数在 1% 的水平上显著为负，说明相较于良好市场环境地区，上市对较差市场环境地区专利质量的影响更明显。同时，从表 5.10 可以看出回归（6）比回归（4）系数的绝对值更大，说明相较于发明专利，上市对非发明专利质量的影响更明显。

表 5.10   企业上市对专利申请质量的影响：基于市场环境视角

（改变临近上市变量）

变量	Value					
	专利		发明专利		非发明专利	
	（1）	（2）	（3）	（4）	（5）	（6）
	良好市场环境	较差市场环境	良好市场环境	较差市场环境	良好市场环境	较差市场环境
Pre – IPO [–3, 0]	– 0.024 * (–1.70)	– 0.039 *** (–3.17)	– 0.009 * (–1.75)	– 0.016 *** (–3.30)	– 0.014 (–0.88)	– 0.046 *** (–3.31)
Soe	0.031 (0.71)	0.041 (1.53)	0.025 ** (2.47)	– 0.010 (–0.95)	0.058 * (1.89)	0.051 (1.58)
Market	– 0.432 ** (–2.49)	– 0.072 (–0.37)	0.079 (0.99)	– 0.008 (–0.07)	– 0.514 ** (–2.35)	0.019 (0.09)
Constant	3.066 *** (7.85)	1.699 *** (3.87)	2.075 *** (11.10)	2.199 *** (10.55)	3.134 *** (6.29)	1.676 *** (3.31)
Year	YES	YES	YES	YES	YES	YES
Industry	YES	YES	YES	YES	YES	YES
Province	YES	YES	YES	YES	YES	YES
N	1663	2053	1154	1414	1345	1679
adj. R^2	0.204	0.205	0.164	0.154	0.225	0.232

注：（1）括号中报告值是 t 统计量；（2）"*"、"**"和"***"分别表示 10%、5% 和 1% 显著性水平；（3）本章按公司聚类，并进行稳健的标准误调整。

表 5.11 考察了不同同侪压力下创业板公司上市前专利质量的变化。回归（1）、（3）、（5）代表同侪压力大的企业上市前专利质量的变化，回归（2）、（4）、（6）代表同侪压力小的企业上市前专利质量的变化。从表中可

知，回归（1）、（3）、（5）的系数在 1% ~ 5% 水平上显著为负，回归（2）、（4）、（6）的系数不显著，说明相较于同侪压力小的企业，同侪压力大的企业上市前专利质量下降更明显。而且回归（5）的系数比回归（3）的系数绝对值更大，说明相较于发明专利，上市对非发明专利质量的影响更大。

表 5.11　　　企业上市对专利申请质量的影响：基于同侪压力视角
（改变临近上市变量）

变量	Value					
	专利		发明专利		非发明专利	
	(1)	(2)	(3)	(4)	(5)	(6)
	同侪压力大	同侪压力小	同侪压力大	同侪压力小	同侪压力大	同侪压力小
Pre - IPO [-3, 0]	-0.046*** (-2.65)	-0.012 (-1.04)	-0.016*** (-2.72)	-0.007 (-1.42)	-0.045** (-2.20)	-0.013 (-0.97)
Soe	-0.051 (-1.40)	0.088** (2.58)	-0.007 (-0.94)	-0.004 (-0.23)	-0.028 (-0.74)	0.102*** (3.03)
Market	-0.463** (-2.40)	-0.219 (-1.19)	0.012 (0.14)	0.066 (0.89)	-0.453* (-1.95)	-0.137 (-0.67)
Constant	2.879*** (6.75)	2.123*** (5.34)	2.172*** (11.75)	2.071*** (13.53)	2.740*** (5.44)	1.832*** (4.17)
Year	YES	YES	YES	YES	YES	YES
Industry	YES	YES	YES	YES	YES	YES
Province	YES	YES	YES	YES	YES	YES
N	1801	1915	1242	1326	1437	1587
adj. R^2	0.247	0.206	0.179	0.156	0.245	0.242

注：（1）括号中报告值是 t 统计量；（2）"*"、"**" 和 "***" 分别表示 10%、5% 和 1% 显著性水平；（3）本章按公司聚类，并进行稳健的标准误调整。

5.4.2　专利质量的其他衡量方法

此外，本章还将专利被引用数量作为专利质量的衡量指标重新对上述实证进行了检验。表 5.12 考察了创业板公司上市前申请专利被引用数量的变化，从表 5.12 中可知，回归（1）和回归（3）系数分别在 1% ~ 10% 水平上显著为负，回归（2）系数不显著，说明创业板公司上市前申请的专利质量更差，相较于发明专利，这种现象在非发明专利中更明显，与文章基本实证结果保持一致。

表 5.12 企业上市对专利申请质量的影响（专利质量的其他衡量方法）

变量	Citations		
	（1）	（2）	（3）
	专利	发明专利	非发明专利
Pre – IPO	− 0. 245 *** (− 3. 18)	− 0. 025 (− 0. 61)	− 0. 072 * (− 1. 74)
Soe	0. 394 ** (2. 03)	0. 134 (1. 14)	0. 261 ** (2. 33)
Market	− 1. 835 ** (− 1. 99)	− 0. 343 (− 0. 69)	− 1. 868 *** (− 3. 95)
Constant	2. 511 (1. 22)	0. 484 (0. 45)	3. 943 *** (3. 70)
Year	YES	YES	YES
Industry	YES	YES	YES
Province	YES	YES	YES
N	3725	2917	2905
adj. R^2	0. 099	0. 006	0. 010

注：（1）括号中报告值是 t 统计量；（2）" * "、" ** " 和 " *** " 分别表示 10% 、5% 和 1% 显著性水平；（3）本章按公司聚类，并进行稳健的标准误调整。

表 5.13 ~ 表 5.14 分别从产业政策、市场环境和同侪压力三个维度考察了创业板公司上市前专利被引用数量，即专利质量的变化，从表中可知无产业政策扶持、较差市场环境地区和同侪压力大的企业上市前专利质量下降程度更大，而且相较于发明专利，非发明专利质量的下降现象更明显。

表 5.13 企业上市对专利申请质量的影响：产业政策视角

（专利质量的其他衡量方法）

变量	Citations					
	专利		发明专利		非发明专利	
	(1)	(2)	(3)	(4)	(5)	(6)
	产业政策扶持	无产业政策扶持	产业政策扶持	无产业政策扶持	产业政策扶持	无产业政策扶持
Pre – IPO	- 0.017 (-0.33)	- 0.082 * (-1.86)	- 0.091 (-1.51)	0.022 (0.43)	0.019 (0.38)	- 0.108 *** (-2.65)
Soe	0.313 ** (2.33)	0.062 (0.75)	0.298 *** (3.10)	0.002 (0.02)	0.291 *** (2.85)	- 0.022 (-0.28)
Market	- 1.731 *** (-2.97)	- 0.891 * (-1.90)	- 0.512 (-0.77)	0.287 (0.52)	- 2.044 *** (-4.38)	- 0.845 ** (-2.00)
Constant	4.998 *** (3.74)	3.656 *** (3.51)	3.876 *** (2.61)	2.245 ** (2.01)	5.196 *** (4.88)	3.282 *** (3.65)
Year	YES	YES	YES	YES	YES	YES
Industry	YES	YES	YES	YES	YES	YES
Province	YES	YES	YES	YES	YES	YES
N	1716	2000	1170	1398	1433	1591
adj. R^2	0.176	0.126	0.189	0.163	0.152	0.165

注：（1）括号中报告值是 t 统计量；（2）"*"、"**"和"***"分别表示 10%、5% 和 1% 显著性水平；（3）本章按公司聚类，并进行稳健的标准误调整。

表 5.14 企业上市对专利申请质量的影响：市场环境视角

（专利质量的其他衡量方法）

变量	Citations					
	专利		发明专利		非发明专利	
	(1)	(2)	(3)	(4)	(5)	(6)
	良好市场环境	较差市场环境	良好市场环境	较差市场环境	良好市场环境	较差市场环境
Pre – IPO	- 0.070 (-1.63)	- 0.061 * (-1.66)	- 0.045 (-0.95)	- 0.016 (-0.37)	- 0.022 (-0.54)	- 0.058 * (-1.75)

续表

变量	Citations					
	专利		发明专利		非发明专利	
	(1)	(2)	(3)	(4)	(5)	(6)
	良好市场环境	较差市场环境	良好市场环境	较差市场环境	良好市场环境	较差市场环境
Soe	0.157 (0.84)	0.203 ** (2.44)	0.203 (1.47)	0.108 (1.44)	0.119 (1.04)	0.171 ** (2.11)
Market	−1.632 *** (−3.16)	−0.531 (−0.97)	−0.623 (−0.93)	0.766 (1.00)	−1.870 *** (−3.79)	−0.711 (−1.57)
Constant	5.108 *** (4.40)	2.018 (1.62)	3.877 ** (2.56)	1.995 (1.34)	5.182 *** (4.62)	2.469 ** (2.25)
Year	YES	YES	YES	YES	YES	YES
Industry	YES	YES	YES	YES	YES	YES
Province	YES	YES	YES	YES	YES	YES
N	1663	2053	1154	1414	1345	1679
adj. R^2	0.150	0.115	0.188	0.147	0.145	0.125

注：（1）括号中报告值是 t 统计量；（2）"*"、"**"和"***"分别表示 10%、5% 和 1% 显著性水平；（3）本章按公司聚类，并进行稳健的标准误调整。

5.5 本章小结

创业板公司所处产业和环境不同，上市前策略性创新的程度也不一样。本章通过考察不同情境下的创业板公司上市前的专利申请质量，得出以下结论：第一，为了获取创业板上市资格以缓解融资约束，企业在临近上市阶段会大量申请专利，导致专利质量显著降低。一方面，专利能够传递企业创新能力强、成长性好的信号；另一方面，由于专利质量较难被人们识别，创业板拟上市公司会在上市前申请大量低质量专利粉饰其创新能力。第二，企业上市前主要通过突击申请非发明专利的方式粉饰其创新能力，由于实用新型专利和外观设计专利代表的专利质量更低，创新性更弱，但是申请程序更简易，所以发行人会利用非发明专利粉饰上市申请材料，这拉低了专利的平均质量。第三，相比有产业政策支持的企业，没有产业政策支持的企业上市前专利质量下降幅度更大。由于产业政策能够给企业带来更多的资金支持和上市便利，产业政策支持的企业通过粉饰专利获取上市资格的动机不强。因此，这类企业上市前的专利质量下降幅度不大。第四，当企业所在地区市场环境越差时，企业上市前产出的专利质量越低。第五，同年上市企业的专利数量越多，同侪压力越强，专利突击越严重，专利质量下滑幅度越大。

本章结论表明我国创业板公司上市前申请的专利质量普遍下降，在不同情形下，专利质量下降的幅度各不相同。企业会基于上市目的进行制度套利，倾向于申请质量不高的低价值专利。对此，可以得到以下启示：第一，从监管层而言，改变专利在科技评价中的地位和披露方式。过去的评价不区分专利类型仅在意专利数量，可以改变评价方式，要求仅披露发明专利，或者规定仅披露一定数量的核心专利。要求企业披露专利同时说明专利对企业业务的支持和带来的营业收入。从顶层设计改变评价标准，可以激励企业将精力放在高质量专利上。第二，从企业本身而言，尽早制定全面的知识产权规划并坚定执行，是提高专利质量的根本。专利研发是一项长时间的活动，企业应该制定符合自身实际的专利规划，坚持高质量研发，了解同行业技术发展确保研发处于先进水平。第三，从第三方机构而言，承担保荐任务的事务所机构，应该更多了解被保荐企业的技术特点，做出客观公正的评估；相关专利服务机构，提供符合高质量专利的服务，并承担准确的专利估值服务。

通过本章的研究分析可以更好地了解创业板公司基于上市目标的专利行为及其对专利质量的影响，为改革上市披露规则并提升上市前申请专利的质量提供参考。企业之所以存在套利空间，主要是由于专利制度及创业板披露规则不完善造成的，结合企业缓解融资约束的上市动机，最终形成创业板上市前大量策略性创新并引起专利质量下滑的后果。总体而言，我国虽然已经成为专利数量第一的专利大国，但是我国的专利质量和世界先进国家还有一定差距，建设专利强国的目标任重道远。提高专利质量，堵塞政策和制度各方面的漏洞，制定针对性的专利发展纲要和措施，从而实现建设与我国国际地位相匹配的技术创新体系，减少国外势力对我国"卡脖子"技术的封锁，早日实现高质量发展的"专利强国梦"。

第6章

创业板公司专利突击
对企业绩效的影响

传统竞争优势理论与资源基础理论认为，专利是企业拥有的异质性资源，具有价值性、稀缺性，并且不可模仿和难以替代，可以有效地促进企业的产品销售和利润增长（Barney and Arikan，2001）。但是，越来越多的文献研究发现，专利在促进企业绩效增长方面既有促进作用，也存在负面效应。适量的专利以及适度的专利竞赛可以促进企业绩效和经济增长，过度的专利研发可能会带来"加速化陷阱"，企业的利润增长速度会远小于研发投入增长的速度（Braun，1990；张波涛等，2008）。

通过对现有研究的梳理，专利对公司价值作用可分为支持促进的竞争优势论和负面效应的加速陷阱论两类。支持论在欧美成熟资本市场和我国均得到广泛验证。格里利兹（Griliches，1981）首次发现美国公司拥有更多的专利总量将会带来更高的公司价值（Tobin - Q）。梅格纳和科洛克（Megna and Klock，1993）以及勒纳（Lerner，1994）分别对美国半导体行业和美国生物公司进行研究发现专利为企业带来销售收入和利润的增长。我国学者研究发现持有专利和企业股票价值的正相关关系（邵红霞和方军雄，2006；薛云奎和王志台，2001）。专利在企业获得超额利润方面发挥竞争优势的作用。然而，德国学者布劳恩（Braun）于1990年提出"加速化陷阱"理论，他通过对美国、欧洲和日本30家大型电气企业研发投入远高于利润两倍多现象的研究，认为专利竞争形成加速化螺旋，企业进行专利竞赛会陷入"专利陷阱"的深渊（Braun，1990）。此后，我国学者张波涛等（2008）、徐欣和唐清泉（2012）证实"加速化陷阱"在我国机械制造业等部分行业存在。黎文靖和郑曼妮（2016）及张杰等（2016）均发现我国专利数量增长并未能带来企业绩效和工业经济的同步增长。程玲等（2019）从经济学分析发现策略性操纵研发降低了企业的生产率与利润水平。

在承接前两章创业板公司上市前专利数量和质量变化的基础上，借助创业板上市前后的公司财务数据，本章系统研究创业板公司上市前专利突击行为对创业板公司长期经营绩效的影响，并进一步检验专利突击行为在不同产业政策、市场环境和同侪压力下对企业经营绩效的影响。通过普通最小二乘法（Ordinary Least Square，OLS）实证检验后，得到以下结论：第一，专利突击主要增加较低质量的非发明专利数量，而提升企业绩效的实质性创新（发明专利）增长幅度小，故创业板公司上市前专利突击不能对企业经营绩效提供长期而持续的支持。具体表现在，上市前专利突击严重的企业，上市后的长期经营业绩显著变差。第二，没有产业政策和较差市场环境地区的企业，上市前专利突击更严重，上市后长期经营绩效更差。第三，当年上市企业申请的专利更多，同侪压力越大，专利突击越严重，企业长期绩效表现也更差；第四，企业专利突击向投资者传递错误的信号，导致投资者高估公司价值，上市后公司价值回归，损害了投资者利益。

本章后面部分的结构是：6.1 节是假设提出；6.2 节是研究设计；6.3 节是实证结果；6.4 节是稳健性测试；6.5 节是扩展分析；6.6 节是本章小结。

6.1 假 设 提 出

6.1.1 专利突击对企业上市后的绩效影响

专利对企业长期绩效和股票回报率都有积极的影响，研发专利能显著提升企业的未来利润水平和股票收益率（Lev and Sougiannis，1999）。专利对经济发展的积极促进作用在世界各地均有体现。霍尔等（Hall et al.，2010）分析欧洲企业专利和研发的私有价值，发现企业托宾 Q 值（市场价值与企业实物资产重置价值的比率）与研发和专利呈显著正相关关系。其中，软件公司专利对市场价值没有影响，可能原因是软件相关专利出于战略使用而不是真正创造性活动的信号。罗伊（Roy，2013）调查了印度浦那地区 30 家具有规模企业的知识产权负责人并分析企业的财务报表，发现专利对印度 IT 产业的竞争优势和企业绩效有显著影响，知识产权被管理层用作战略工具在市场上有效竞争，并为定期知识产权审计和评估公司无形资产提供便利。金等（Kim et al.，2009）分析了 1981~1999 年韩国制造业专利对全要素生产率的贡献，发现国内外的专利申请均对韩国制造业生产率产生显著正向影响，外国专利对韩国制造全要素生产率的提升更高。

专利数量和专利质量能够很好地衡量企业创新活动产出（刘督等，2016），而专利数量和专利质量对企业财务绩效都会有一定影响。通常认为，专利越多的企业创新能力越强，企业价值更高（Ernst，2001）。英国公司拥有的专利越多，其生产效率和市场价值均更高（Bloomand Reenen，2002）。创新能力更强的公司拥有更多的竞争优势，并拥有更好的长期回报率（Cao et al.，2013）。总的来说，专利较多的企业，其长期生产经营绩效更好，专利质量更高的企业相应的绩效也更好（Ernst，2001；Reitzig，2004；Zhang and Rogers，2009）。国内学者也发现专利创新对公司价值的提升作用。杨和陈（Yang and Chen，2006）以中国台湾地区的专利申请作为创新的代理，发现专利申请的增加导致了长期和短期的经济增长，短期效应较为显著，对省内生产总值的长期弹性不大。苑泽明等（2010）研究后得出结论，只有发明专利才能促进企业后续两年的经营业绩。钟腾和汪昌云（2017）研究发现专利显著提升公司未来五年的价值，发明专利对公司价值的提升显著高于全体专利的平均提升作用，并且在高科技行业中作用更大，对非高科技行业的价值影响不显著。

周煊等（2012）也发现创新数量越多，企业销售水平和盈利能力显著上升，同时发现创新质量对企业销售和盈利影响较为复杂。

早期文献较为一致地认为专利数量与企业绩效呈正相关关系，但是，德国学者布朗（Braun，1990）发现专利的加速化陷阱现象之后，我国学者张波涛等（2008）、徐欣和唐清泉（2012）相继发现我国部分行业也存在专利数量的加速化陷阱现象，过多数量的专利不能改善反而降低了企业绩效。学者们的视野从研究专利数量与企业绩效的关系转向研究专利质量与企业绩效的关系上。专利质量可以在多个方面提高企业价值（赵忠涛和李长英，2020）。首先，更高的专利质量为企业带来更多竞争优势和垄断利润，增加企业价值；其次，专利质量越高，企业可以在专利许可、转让和质押等方面获得更多的收入；最后，企业拥有高质量专利，向外界传递企业研发能力信号，极大地缓解信息不对称（Long，2002；刘林青等，2020），还能吸引外部投资（Nicholas，2008），降低资金成本（Levitas and Mcfadyen，2009）。李仲飞和杨亭亭（2015）发现更高专利质量给公司带来更多的垄断利润，促进公司投资价值的增加。李牧南等（2019）考察国内通信行业的 6 万余条专利，发现专利质量提升了企业市场价值。基于我国专利制度的不同划分，学者们研究不同类型专利对企业价值的影响。李诗等（2012）对我国股票市场专利定价研究后，发现每一项发明专利、实用新型专利和外观设计专利的增加，可以分别为企业带来 309 万元、260 万元和 159 万元的市值增加幅度。刘督等（2016）认为只有发明专利能提升企业价值，实用新型专利对企业价值影响较小，外观设计专利对企业价值没有影响。

随着大量非市场化动机专利申请的出现，由于背离了产业化的初衷，企业实际创新能力没有提高，难以形成经济产出（朱雪忠和胡成，2020）。黎文靖和郑曼妮（2016）指出，中国的产业政策造成企业"寻扶持"的策略性创新，但是非发明专利数量的增加没有提高企业价值，只有代表技术进步和竞争优势的实质性创新（发明专利）才能有效提高企业价值促进企业发展。张杰等（2016）利用中国各省的专利资助政策，发现政策造成"泡沫"现象，扭曲了专利对中国经济增长的促进作用。王兰芳等（2019）发现研发"粉饰"行为促使企业短期的财务绩效显著提升，但是对企业的市场绩效却造成显著负向影响，具体表现为下一年的资产收益率（Return on Assets，ROA）和净资产收益率（Return on Equity，ROE）显著增长，企业市场绩效的 Tobin‑Q 值却显著下降。基于越来越严重的研发操纵行为，程玲等（2019）研究了企业基于申请高新技术企业资质的策略性创新后，发现企业策略性创新导致企业利润降低和商业价值减少。

企业上市前的专利突击行为会对上市后经营业绩产生正面和负面两种效应。一方面，上市前专利突击申请的公司经营业绩可能更好，这是因为：第一，资源基础理论和竞争优势理论认为，异质性资源难以复制和模仿，可以为企业带来更多的收益（Barney，1991）。专利作为企业独享的创新成果，拥有异质性资源的特性（Wernerfelt，1984）。在竞争激烈的市场环境中，为企业构筑较高的"护城河"，给企业带来超过平均水平的利润。第二，较多的专利能够向外界传递创新性强、成长性好的信息，有助于企业获得更多资源，吸引投资者，促进企业发展（张杰等，2016；Conti et al.，2013；Haeussler et al.，2014）。另一方面，上市前突击申请专利的公司经营业绩可能更差，这是因为：加速化陷阱理论认为过度研发虽然有助于公司推出新产品，使公司营业收入在短期内大幅上升，但会透支消费者未来的购买力，占用其他经营活动的资金，导致企业长期销售收入下滑（Braun，1990）。例如，张波涛等（2008）就发现专利产出和主营业务收入的倒"U"型现象，过高水平的专利产出降低了企业绩效。另外，突击申请的专利质量往往较低，尤其是非发明专利保护期短，生产价值低，无法为企业发展提供长期动力（黎文靖和郑曼妮，2016；毛昊等，2018）。创业板公司上市前申请更多非发明专利，主要是为了对外传递企业创新能力信号，前文已经实证证明创业板公司上市前专利数量增加，专利质量减少。创业板上市前的研发行为，很大程度上属于非市场动机，是一种策略性创新行为。根据上述理论分析，策略性创新对企业利润和价值有负向影响（程玲等，2019）。由此，提出假设6‑1。

假设6‑1：专利突击申请的公司上市后长期经营业绩较差。

6.1.2 专利突击对企业绩效的影响：基于产业政策视角

专利作为公共产品很容易被模仿，具有较强的外部性特征，发明者收益低于研发成本，减少进一步创新的意愿（Arrow，1962）。世界各国通过制定产业政策补贴等方式弥补发明者的损失，补偿市场功能的缺陷（Dosi et al.，2006）。我国政府针对战略性新兴产业的特征，也因地制宜地推出一系列产业政策，促进新兴产业发展。我国产业政策立足弥补"市场失灵"，有效促进了市场竞争（Aghion et al.，2015），适宜的产业政策通过降低企业创新风险，有效提升了战略新兴产业的技术创新效率。此外，我国产业政策还积极推动资源配置优化，更多的产业资源缓解创新融资约束，提高了企业创新水平。

产业政策通过提供充足的资金和技术提高专利质量（金宇等，2019），更高质量的专利促进了企业长期绩效和利润水平的提高。关（Guan，2017）利用 Heckman 两步程序，利用创新倾向（失败概率）和创新绩效（专利和创新销售）讨论了产业特征对研发强度、财务激励与创新绩效之间的关系，结果表明资本密集型行业和相对垄断的行业更有可能进行创新，因为在我国资金和技术是制约我国企业创新的两大因素，产业政策为这两类企业带来足够的的资金和技术。金宇等（2019）基于 2007～2015 年 A 股上市公司研究发现，产业政策对企业专利质量表现为政策的促进作用，主要是依靠产业政策带来的资金，一方面缓解融资约束，另一方面提升了核心研发人员的稳定性，即我国产业政策也是从资金和技术两方面，促进专利质量提升，进而增加企业利润和价值的。

另外，产业政策体现国家宏观的调整管制，可能会改善企业的经营环境，也给外界传递国家支持的导向信号。我国产业政策的期限是五年公布一次，国家公布产业政策后，代表一定阶段内的国家政策导向。产业政策有利于传递给企业稳定的经济预期，减少事前事后的不确定性，企业能够减少政策顾虑和制度性交易成本，更多地投入企业生产经营和创新中。此外，产业政策塑造了公平竞争的良好环境，有利于激发企业创新活力，进行高质量研发。

产业政策有助于企业加大研发投资，增加高质量研发产出（谭劲松等，2017）。产业政策下，企业创新激情高，生产差异化的高质量产品，增强企业的竞争优势。新技术创新程度高，难以模仿和替代，进一步增加企业的竞争优势。更高程度的创新能够有效降低企业成本，通过为消费者提供更好的产品和服务赢得市场份额（Cohen and Levinthal，1990；Faiz and Weinstein，1997），企业可以维持未来良好的长期业绩，从而提高了企业未来绩效和整体价值。因而，提出假设 6 - 2。

假设 6 - 2：相对受扶持的公司，没有产业政策鼓励的公司上市后长期绩效更差。

6.1.3　专利突击对企业绩效的影响：基于市场环境视角

我国自 1978 年改革开放实行市场经济以来，企业生存的市场环境已经大为改善。但是，我国市场经济"新兴 + 转型"的特征很明显，各地区的市场环境存在显著差异。樊纲等（2011）指出，我国的市场化改革主要反映了经济、社会和法律体系的变革。我国各地区由于经济、社会和法律制度发展程度不同，相应的市场环境也不一样。不同的市场环境，对企业创新的影响不尽相同，并进一步地影响了企业和地区经济的发展。

市场环境越好，市场要素发展水平越完善，能够更好地提供企业发展所需要的资金、土地和劳动力等生产要素。政府在分配资源时更多地依据市场情况而减少寻租和腐败等行为，科学技术发展能够获得充分的资源。在保障研发的资源后，企业更能专心研发，减少不必要的政治关联和寻租活动，同时也减少制度性交易成本，有力激发企业创新的预期和收益。研究表明，市场化程度越高，地区经济和金融发展水平越高。金融发展对全要素生产率和GDP 增长有正的影响，金融业发展是经济增长一个强力的决定因素。金融发展进一步提供充足的资金，有效缓解企业面临的融资约束。

市场环境越好的地区，地方政府对政绩的追求越理性，政府和企业都更加注重培育长期创新能力以实现可持续增长（申宇等，2018）。已有文献分析了市场环境决定地方政府对企业的干预程度（唐雪松等，2010）。市场环境越差，地方政府越倾向于干预公司上市进程。因为，市场环境较差地区的经济发展水平一般较差，地方政府会极力促进更多企业上市以发展经济并改变地区落后现状。另外，市场环境越差，地区经济基础越差，公司上市对本就薄弱的地区经济促进效果更显著，更有利于官员晋升。所以，地方政府倾向于用行政手段干预公司上市进程，并提供大量补贴以改善公司业绩缩短上市时间，并且市场环境越差，地方政府谋求"短平快"发展的激励越高，由此，地方政府在上市资源争夺战中提供更多补贴干预公司上市进程（王克敏等，2015）。同时，专利作为创业板公司上市的加分亮点，更多数量专利提高公司上市的成功概率，地方政府出于 GDP 锦标赛和地方官员政治晋升的激励（Xu，2011），更有可能支持拟上市公司使用非发明专利缩短上市进程以实现尽快上市。地方政府为公司提供大量补贴的干预行为，干扰了公司正常经营，导致公司长期业绩显著下降（王克敏等，2015）。

从法律角度看，更清晰的法律产权关系有利于激发实质性创新，促进地区经济更好地发展。科克布恩和格里利兹（Cockburn and Griliches，1988）以 1800 家美国公司为样本发现了专利保护能够提升专利产出增加带来的公司价值增长。李诗等（2012）实证发现在我国专利保护较好的地区，由于知识产权保护减小了专利被侵权和仿制的风险，增加了公司的垄断利润，由此带来公司绩效和价值的提升。王兰芳等（2019）发现研发"粉饰"行为在法治环境较差的地区，短期财务绩效的正向效应和市场绩效的负向效应都更为集中，法治环境可以抑制企业的专利研发"粉饰"行为。孟猛猛等（2021）认为知识产权保护有效提升企业和研发人员的创新积极性，研发更多的发明专利能够提升企业生产效率，为企业带来更多的效益，通过激励其他组织提高专利质量，进而提高整个社会的生产效率。同时，孟猛猛等（2021）也指出，较低的知识产权保护水平不能保护专利，企业倾向于运用非发明专利进行低成本的模仿研发，进而降低专利质量对整个社会生产率的促进作用。

市场环境越好，越有利于激发企业长期发展的信心，地方政府越能提供公司发展的良好环境，良好的法治环境鼓励企业创新积极性，都较大程度发挥了实质性创新对企业长期绩效的促进作用。洪俊杰和石丽静（2017）研究我国 371 家创新型企业后，发现较好的市场环境促进企业创新绩效，环境越好，企业自主研发活动更能促进创新绩效的发展。类似的，许志端和阮舟一龙（2019）发现营商环境优化通过促进企业研发投入提升了创新水平，研发投入和专利产出的增长带动企业绩效提升。基于此，提出假设 6-3。

假设 6-3：市场环境较差地区的企业，上市后长期绩效表现更差。

6.1.4 专利突击对企业绩效的影响：基于同侪压力视角

企业在面临不确定性和研发风险的同时，广泛采用"搭便车"的相似经营选择。同侪效应发生的基础是相似的环境和制度，在类似的外部环境下进行相似的企业经营选择，很可能得到近似的经营结果。国外方面，福柯和费萨尔（Foucault and Fresard，2014）认为同群企业之间有信息交流和互相学习的效应，同群企业之间的股价相互影响，当同群企业股价上涨一个点时，其他同群企业基于乘数效应股价会涨 5.9 个百分点。考斯蒂亚和兰塔拉（Kaustia and Rantala，2015）研究公司之间的发行决策，发现公司股票发行决策明显受到同群企业影响后，股票在市场上的表现也具有相似性。国内学者李志生等（2018）研究了过度负债对企业经营的影响，发现地区企业之间互相模仿倾向系统性地提高了地区负债水平，导致偿债能力下降，过高的地区杠杆率负面影响了企业的经营状况和业绩。易志高等（2019）发现高管减持诱发同侪效应，并向外传递负面信号引发外部投资者抛售股票，加速企业股票崩盘。中外学者均研究发现企业间的同侪效应导致了类似的业绩表现。

同理，根据利伯曼和阿沙巴（Lieberman and Asaba，2006）的信息学习假说与竞争学习假说，当企业接收到既往企业上市前专利突击并取得 IPO 成功信号后，并观察到同期申请上市其他公司的专利突击行为时，创业板公司也广泛使用上市前专利突击来增大上市成功概率，而专利突击主要利用非发明专利进行，更多的策略性创新行为，显然会导致企业长期绩效和市场价值降低幅度更大（程玲等，2019）。刘静和王克敏（2018）研究了同群公司的研发行为及其经济后果，发现同侪压力提高公司研发支出与未来业绩的正相关性，但是周等（Zhou et al.，2019）及本书第四章扩展分析均证实我国创业板公司上市前削减研发投资的行为，因而，上市前研发减少、专利激增的我国创业板公司，上市后业绩可能负向发展。

　　同侪压力意味着更激烈的竞争。不同程度的市场竞争可能导致抑制创新的"熊彼特效应"和促进创新的"阿罗效应",康志勇和刘馨(2020)研究发现竞争降低了政府补助对企业绩效的促进效应,市场竞争形成抑制创新的"熊彼特效应",无法发挥对企业长期业绩的支持作用。另外,还有学者从公司治理角度研究同侪压力对公司未来业绩的影响。费尔赫斯特和阿南(Fairhurst and Nam,2020)认为同侪压力意味着模仿公司的治理能力较弱,模仿行为可能导致较高的融资成本和资金杠杆,企业未来的盈利能力较差。就本书而言,同年上市企业申请的专利越多,给创业板公司更多的压力,拟上市公司更激进地进行专利突击,更严重的策略性创新会对企业利润和市场价值造成负向影响(程玲等,2019)。因此,提出假设6-4。

　　假设6-4:同年上市企业申请专利越多同侪压力越大,创业板公司上市前专利突击越严重,导致上市后的长期经营业绩越差。

6.2　研　究　设　计

6.2.1　样本选择与数据来源

　　本章选择2009~2018年中国创业板上市公司为样本,继承前两章的结论,考察企业上市前专利突击申请对上市后经营业绩的影响。公司财务数据、产权性质数据来源于 CSMAR 和 Wind 数据库,并进行如下筛选:(1)剔除金融行业;(2)剔除研究期间内相关数据缺失的样本;(3)剔除上市前所有年度专利申请总数少于3的公司,经翻阅招股说明书,本书发现专利申请数量小于3的公司基本属于软件 IT 行业,其创新能力主要体现为软件著作权、操作系统等无形资产,专利不是评价其创新能力的关注点。

　　产业政策数据来源于 CNRDS 数据库的产业政策研究数据库(Industrial Policy Research Database,IPRD),选取中央政府和各地省市级政府每五年发布一次的五年规划纲要,本章使用到的期间包括"十一五"规划(2006~

2010 年）、"十二五"规划（2011～2015 年）、"十三五"规划（2016～2020 年），根据国家和各省份的政策态度产业政策分为鼓励、中性和抑制三类，本章将鼓励和中性类企业归类为有产业政策支持，将鼓励和中性产业政策没有提到及抑制类企业归类为没有产业政策支持。同时，剔除金融类、ST 类与 PT 类上市公司，删除变量缺失的公司样本。

本章市场化程度使用樊纲市场化指数（2016）数据进行衡量，中国经济改革研究基金会国民经济研究所定期公布《中国市场化指数》报告 2016 年版报告从五个方面对各省级行政区 2008～2014 年的市场化改革进程进行了客观评价，其中包括政府与市场关系、非国有经济发展、产品要素市场的发育和法律制度环境等方面。

同侪压力的判定，根据同年度在创业板上市的其他公司专利突击程度，高于公司改制到上市专利申请数量的年增长率的中位数的，视为同侪压力高；否则，视为同侪压力低。

6.2.2 模型设定与变量定义

为检验专利突击申请对上市后经营业绩的影响，借鉴布拉夫等（Brav et al.，2015），本章设计模型如下：

$$Performance_{i,t} = \alpha + \beta \times PatentSurge_i + \gamma \times Controls + Industry$$
$$+ Year + Province + \varepsilon_{i,t} \qquad (6-1)$$

Performance 表示公司上市后的经营业绩，分别用全要素生产率、总资产收益率和营业利润率衡量，$PatentSurge_i$ 代表公司专利突击程度的虚拟变量，专利突击申请严重的公司 $PatentSurge_i = 1$，专利突击申请不严重的公司 $PatentSurge_i = 0$，其中专利突击申请程度定义如下，若公司改制到上市期间专利申请数量平均增长率高于同年度上市的创业板公司中位数，则定义为专利突击申请严重的公司，否则为专利突击申请不严重的公司。Controls 为控制变量，包括资产负债率、产权性质、公司年龄、现金流量、管理层持股比例、第一大股东持股比例，并控制了行业和省份固定效应。模型经过稳健标准误调整。变量详细说明如表 6.1 所示。

表 6.1   变量说明

变量		内容
被解释变量	TFP	公司上市后 1~3 年全要素生产率的平均值,其中全要素生产率借鉴吉安内蒂等(Giannetti et al., 2015),将同行业同年度公司的销售收入对总资产、员工人数、购买原料和服务支付的现金做回归,取残差作为全要素生产率
	ROA	公司上市后 1~3 年总资产收益率的平均值,其中总资产收益率等于净利润/总资产
	ROS	公司上市后 1~3 年营业利润率的平均值,其中营业利润率等于净利润/营业收入
解释变量	Patent Surge	公司专利突击程度的虚拟变量,专利突击申请严重的公司取值为 1,专利突击申请不严重的公司取值为 0
控制变量	Size	资产规模,等于 ln(总资产 +1)
	Lev	财务杠杆,等于公司的资产负债率
	Cashf	经营活动现金流量净流入
	Lage	上市公司存续时间
	Top1	第一大股东持股比例
	Soe	产权属性,实际控制人为国有性质,等于 1,否则等于 0
	Market	市场化程度,等于 ln(上市公司所在省份市场化指数 +1),市场化指数来自樊纲等(2011)的市场化指数总得分
	Sharetmt	管理层持股比例,等于管理层持股数/总股本数
分组变量	Ind Policy	产业政策虚拟变量,有产业政策支持,取值为 1,否则为 0
	High Market	市场化程度虚拟变量,市场化程度高于中位数,取值为 1,否则为 0
	Peer Effect	同侪压力虚拟变量,若同年度其他公司上市前专利突击程度高于中位数,取值为 1,否则为 0

6.3　实证结果

6.3.1　描述性统计分析

表 6.2 是主要变量的描述性统计,从表中可知,所有变量均在正常范围

之内，说明对连续变量进行缩尾处理（Winsorize）之后，已不再受极端值影响。

表6.2 描述性统计

变量	观测值	均值	标准差	MIN	P25	P50	P75	MAX
TFP	330	-0.007	0.264	-0.711	-0.163	-0.012	0.136	0.949
ROA	330	0.049	0.060	-0.302	0.028	0.052	0.077	0.199
ROS	330	0.118	0.180	-0.983	0.064	0.125	0.199	0.513
Patent Surge	330	0.500	0.500	0	0	0.500	1.000	1.000
Lev	330	0.284	0.166	0.032	0.145	0.256	0.403	0.744
Soe	330	0.046	0.209	0	0	0	0	1.000
Lage	330	14.630	4.254	4.000	11.000	14.000	17.000	24.000
Cashf	330	0.031	0.062	-0.159	-0.003	0.033	0.070	0.220
Sharetmt	330	0.325	0.214	0	0.114	0.357	0.497	0.715
Top1	330	31.820	12.320	8.780	22.390	30.020	39.670	62.500

6.3.2 相关系数分析

如表6.3对主要变量进行了相关系数分析。表中专利突击严重公司在上市初期（d0~d1区间）与公司的全要素生产率（TFP）正相关，然而，在上市后第3年到第6年（d2~d6区间）显著负相关，由此可知，企业上市后初期，全要素生产率没有显著变化，但是长期绩效表现变差。类似地，代表公司业绩指标的总资产收益率（ROA）、净资产收益率（ROE）、营业利润率（ROS）和总市值（MV）表现和全要素生产率（TFP）一致，都是上市初期表现较好，之后都出现显著下降。说明上市前专利突击让企业短期业绩表现得更好，但是长期经营绩效表现得较差。

表 6.3 相关系数分析

变量	TFP	ROA	ROS	Patent Surge	Lev	Lage	Soe
TFP	1.00	0.39 ***	0.19 ***	−0.04 **	0.00	−0.04 **	0.04 **
ROA	0.33 ***	1.00	0.82 ***	−0.09 ***	−0.36 ***	−0.20 ***	−0.03 *
ROS	0.25 ***	0.85 ***	1.00	−0.07 ***	−0.44 ***	−0.11 ***	−0.05 **
Patent Surge	−0.04 **	−0.08 ***	−0.07 ***	1.00	0.08 ***	0.14 ***	0.03
Lev	−0.04 **	−0.35 ***	−0.35 ***	0.07 ***	1.00	0.48 ***	0.01
Lage	−0.06 ***	−0.13 ***	−0.07 ***	0.13 ***	0.51 ***	1.00	0.01
Soe	0.05 ***	0.01	−0.00	0.03	0.00	0.01	1.00

注：（1）" * "、" ** "和" *** "分别表示10%、5%和1%显著性水平；（2）左下三角部分为 Pearson 相关系数检验结果，右上三角部分为 Spearman 相关系数检验结果。

6.3.3 结果与讨论

1. 企业上市前专利突击申请对经营绩效的影响

表 6.4 从整体视角分析创业板公司上市前的专利突击行为对上市后经营业绩的影响。第（1）~（3）列分别展示了专利突击申请对全要素生产率（TFP）、总资产收益率（ROA）和营业利润率（ROS）的影响，其中，回归（1）和（3）的系数在5%水平上显著为负，回归（2）的系数不显著，说明企业上市前的专利突击行为会拖累上市后的长期经营业绩，从而验证了本章假设6-1。

表 6.4 企业上市前专利突击申请对经营绩效的影响

变量	(1)		(2)		(3)	
	TFP		ROA		ROS	
Patent Surge	−0.063 **	(−2.31)	−0.005	(−1.38)	−0.025 **	(−2.13)
Lev	−0.088	(−0.63)	−0.065 ***	(−3.27)	−0.290 ***	(−4.80)
Size	−0.046	(−1.61)	−0.002	(−0.40)	0.002	(0.13)
Soe	0.143 **	(2.15)	0.018 *	(1.84)	0.023	(0.79)
Lage	−0.010 **	(−2.57)	−0.001	(−1.48)	−0.003 **	(−2.14)

续表

变量	(1)		(2)		(3)	
	TFP		ROA		ROS	
Cashf	0. 544 **	(2. 19)	0. 227 ***	(6. 37)	0. 644 ***	(5. 98)
Sharetmt	− 0. 016	(− 0. 26)	0. 004	(0. 46)	0. 023	(0. 84)
Top1	− 0. 001	(− 0. 67)	− 0. 000	(− 1. 26)	− 0. 001	(− 1. 09)
Constant	1. 205 *	(1. 85)	0. 124	(1. 32)	0. 255	(0. 91)
Industry	YES		YES		YES	
Province	YES		YES		YES	
N	330		330		330	
adj. R^2	0. 064		0. 233		0. 270	

注：(1) 括号中报告值是 t 统计量；(2) "＊""＊＊"和"＊＊＊"分别表示 10%、5% 和 1% 显著性水平；(3) 本章按公司聚类，并进行稳健的标准误调整。

2. 企业上市前专利突击申请对企业绩效的影响：基于产业政策视角

表 6.5 考察了创业板公司上市前专利突击申请对不同产业政策企业上市后经营绩效的影响。奇数列代表专利突击申请对有产业政策扶持的企业上市后经营业绩的影响，对应地，偶数列是没有产业政策扶持的企业上市后业绩变化。从表 6.5 可以看出，回归 (1)、(3)、(5) 系数不显著，回归 (2)、(4)、(6) 系数分别在 5% 水平上显著为负，说明企业上市前专利突击申请对有产业政策扶持的企业经营业绩没有明显影响，但是会拖累没有产业政策支持的企业上市后的经营绩效。从而验证了本章假设 6 - 2。

表 6.5　企业上市前专利突击申请对经营绩效的影响：基于产业政策视角

变量	TFP		ROA		ROS	
	(1)	(2)	(3)	(4)	(5)	(6)
	产业政策扶持	无产业政策扶持	产业政策扶持	无产业政策扶持	产业政策扶持	无产业政策扶持
Patent Surge	− 0. 045 (− 1. 31)	− 0. 128 ** (− 2. 51)	− 0. 000 (− 0. 08)	− 0. 019 ** (− 2. 44)	− 0. 014 (− 0. 95)	− 0. 052 ** (− 2. 03)

续表

变量	TFP		ROA		ROS	
	(1)	(2)	(3)	(4)	(5)	(6)
	产业政策扶持	无产业政策扶持	产业政策扶持	无产业政策扶持	产业政策扶持	无产业政策扶持
Lev	0.134 (0.69)	-0.309 (-1.43)	-0.057** (-2.09)	-0.077** (-2.34)	-0.300*** (-3.76)	-0.289*** (-2.65)
Size	-0.044 (-1.19)	-0.043 (-0.86)	-0.001 (-0.18)	-0.000 (-0.03)	0.007 (0.49)	0.002 (0.07)
Soe	0.131* (1.67)	0.290* (1.91)	0.016 (1.48)	0.017 (0.74)	0.003 (0.10)	0.058 (0.75)
Lage	-0.011** (-2.24)	-0.005 (-0.87)	-0.001 (-1.16)	-0.000 (-0.11)	-0.002 (-1.09)	-0.004 (-1.31)
Cashf	0.522 (1.57)	0.795* (1.80)	0.186*** (3.99)	0.300*** (4.48)	0.580*** (4.23)	0.802*** (3.60)
Sharetmt	0.079 (0.99)	-0.239** (-2.19)	0.011 (1.00)	-0.010 (-0.62)	0.018 (0.56)	0.032 (0.58)
Top1	-0.001 (-0.75)	-0.002 (-1.01)	-0.000 (-1.03)	-0.000 (-0.25)	-0.001 (-1.52)	-0.000 (-0.01)
Constant	1.151 (1.46)	1.585 (1.49)	0.111 (1.01)	0.053 (0.33)	0.101 (0.31)	0.347 (0.65)
Industry	YES	YES	YES	YES	YES	YES
Province	YES	YES	YES	YES	YES	YES
N	216	114	216	114	216	114
adj. R^2	0.003	0.158	0.110	0.383	0.201	0.289

注：(1) 括号中报告值是 t 统计量；(2) "*"、"**" 和 "***" 分别表示 10%、5% 和 1% 显著性水平；(3) 本章按公司聚类，并进行稳健的标准误调整。

3. 上市前专利突击对企业绩效的影响：基于市场环境视角

表 6.6 考察了上市前专利突击申请对不同市场环境企业上市后经营业绩的影响，奇数列代表专利突击申请对高市场化程度地区企业上市后经营业绩

的影响，对应地，偶数列代表专利突击申请对没有产业政策扶持的企业上市后业绩的影响。从表6.6可以看出，回归（1）、（3）、（5）系数均不显著，而回归（2）、（4）、（6）系数在1%~5%水平上显著为负，说明相比高市场化地区，专利突击申请对低市场化地区企业经营业绩的负面影响更大，从而验证了本章的假设3。

表6.6 企业上市前专利突击申请对经营绩效的影响：基于市场环境视角

变量	TFP	ROA			ROS	
	（1）	（2）	（3）	（4）	（5）	（6）
	市场化程度高	市场化程度低	市场化程度高	市场化程度低	市场化程度高	市场化程度低
Patent Surge	-0.025 (-0.61)	-0.113*** (-3.06)	-0.002 (-0.37)	-0.014** (-2.36)	-0.008 (-0.47)	-0.050*** (-2.70)
Lev	0.091 (0.45)	-0.122 (-0.66)	-0.053* (-1.85)	-0.067** (-2.32)	-0.327*** (-3.88)	-0.196** (-2.09)
Size	-0.065 (-1.51)	-0.043 (-1.16)	0.003 (0.56)	-0.005 (-0.91)	0.005 (0.26)	0.002 (0.10)
Soe	0.049 (0.43)	0.172** (2.19)	0.006 (0.38)	0.021* (1.68)	-0.014 (-0.30)	0.045 (1.13)
Lage	-0.017*** (-3.32)	0.002 (0.40)	-0 (-0.60)	-0.001 (-0.65)	-0.002 (-0.99)	-0.004 (-1.24)
Cashf	0.444 (1.19)	0.858*** (2.63)	0.222*** (4.16)	0.247*** (4.81)	0.578*** (3.68)	0.768*** (4.63)
Sharetmt	-0.108 (-1.22)	0.075 (0.86)	0.004 (0.29)	0.005 (0.37)	-0.008 (-0.21)	0.071 (1.59)
Top1	0.001 (0.33)	-0.002 (-1.16)	-0 (-0.20)	-0 (-1.41)	-0 (-0.29)	-0.001 (-1.14)
Constant	1.534 (1.58)	1.120 (1.42)	0.024 (0.18)	0.185 (1.49)	0.239 (0.59)	0.206 (0.51)

续表

变量	TFP	ROA		ROS	
	(1)	(2)	(3)	(4)	(5)	(6)
	市场化程度高	市场化程度低	市场化程度高	市场化程度低	市场化程度高	市场化程度低
Industry	YES	YES	YES	YES	YES	YES
Province	YES	YES	YES	YES	YES	YES
N	185	145	185	145	185	145
adj. R^2	0.047	0.241	0.161	0.325	0.195	0.317

注：(1) 括号中报告值是 t 统计量；(2) " * "、" ** " 和 " *** " 分别表示 10% 、5% 和 1% 显著性水平；(3) 本章按公司聚类，并进行稳健的标准误调整。

4. 上市前专利突击对企业绩效的影响：基于同侪压力视角

表 6.7 考察了上市前专利突击申请对不同同侪压力企业上市后经营业绩的影响，奇数列代表专利突击申请对同侪压力大的企业上市后经营业绩的影响，对应地，偶数列代表专利突击申请对同侪压力小的企业上市后业绩的影响。从表 6.7 可以看出，回归（1）系数显著为负，而回归（2）、（4）、（6）系数不显著，说明相比同侪压力小的公司，上市前专利突击申请对同侪压力大的公司经营业绩的负面影响更大，从而验证了本章的假设 6 - 4。

表 6.7　企业上市前专利突击申请对经营绩效的影响：基于同侪压力视角

变量	TFP		ROA		ROS	
	(1)	(2)	(3)	(4)	(5)	(6)
	同侪压力大	同侪压力小	同侪压力大	同侪压力小	同侪压力大	同侪压力小
Patent Surge	-0.141** (-2.65)	-0.052 (-1.60)	-0.005 (-0.54)	-0.007 (-1.53)	-0.033 (-1.27)	-0.023 (-1.58)
Lev	-0.306 (-1.19)	-0.017 (-0.10)	0.011 (0.28)	-0.094*** (-3.91)	-0.251** (-2.02)	-0.297*** (-4.05)

变量	TFP		ROA		ROS	
	（1）	（2）	（3）	（4）	（5）	（6）
	同侪压力大	同侪压力小	同侪压力大	同侪压力小	同侪压力大	同侪压力小
Size	-0.039 （-0.77）	-0.048 （-1.38）	-0.009 （-1.10）	0.001 （0.20）	-0.011 （-0.45）	0.006 （0.39）
Soe	0.214 （1.62）	0.111 （1.41）	0.028 （1.36）	0.009 （0.76）	0.074 （1.15）	-0.007 （-0.19）
Lage	-0.004 （-0.49）	-0.013 *** （-2.76）	-0.001 （-0.57）	-0.001 （-1.22）	-0.003 （-0.89）	-0.003 * （-1.71）
Cashf	0.611 （1.33）	0.632 ** （2.03）	0.293 *** （4.04）	0.193 *** （4.28）	0.697 *** （3.14）	0.603 *** （4.40）
Sharetmt	0.035 （0.27）	-0.038 （-0.52）	0.016 （0.75）	0.001 （0.12）	0.063 （0.99）	0.017 （0.51）
Top1	0 （0.18）	-0.001 （-0.62）	-0 （-0.19）	-0 （-0.92）	-0 （-0.34）	-0.001 （-0.91）
Constant	1.304 （1.25）	0.858 （1.10）	0.237 （1.43）	0.074 （0.65）	0.574 （1.13）	0.208 （0.61）
Industry	YES	YES	YES	YES	YES	YES
Province	YES	YES	YES	YES	YES	YES
N	93	237	93	237	93	237
adj. R^2	0.088	0.090	0.203	0.218	0.182	0.256

注：（1）括号中报告值是 t 统计量；（2）"＊"、"＊＊"和"＊＊＊"分别表示 10%、5% 和 1% 显著性水平；（3）本章按公司聚类，并进行稳健的标准误调整。

6.4　稳健性检验

本章还采用其他衡量企业上市前专利突击的指标检验结论的稳健性，具体而言，若公司上市前 3 年专利平均增长率高于同年度上市的创业板公司平均增长率则定义为专利突击严重的公司，否则是专利突击不严重的公司。表6.8 考察了专利突击申请行为对上市后经营业绩的影响，回归（1）~（3）系数在5%~10%水平上显著为负，说明创业板公司上市前突击申请专利会导致上市后经营业绩下滑，与本章主要结论保持一致。

表 6.8 企业上市前专利突击申请对经营绩效的影响（改变临近上市变量）

变量	(1)		(2)		(3)	
	TFP		ROA		ROS	
Patent Surge	−0.056**	(−2.02)	−0.007*	(−1.69)	−0.021*	(−1.70)
Lev	−0.102	(−0.73)	−0.068***	(−3.40)	−0.296***	(−4.91)
Size	−0.043	(−1.50)	−0.001	(−0.29)	0.003	(0.22)
Soe	0.149**	(2.23)	0.018*	(1.90)	0.025	(0.85)
Lage	−0.009**	(−2.45)	−0.001	(−1.47)	−0.003**	(−2.06)
Cashf	0.549**	(2.21)	0.227***	(6.40)	0.644***	(5.98)
Sharetmt	−0.017	(−0.28)	0.004	(0.50)	0.022	(0.81)
Top1	−0.001	(−0.82)	−0.000	(−1.35)	−0.001	(−1.19)
Constant	1.048*	(1.65)	0.097	(1.07)	0.127	(0.46)
N	331		331		331	
adj. R^2	0.060		0.236		0.267	

注：（1）括号中报告值是 t 统计量；（2）"*"、"**"和"***"分别表示10%、5%和1%显著性水平；（3）本章按公司聚类，并进行稳健的标准误调整。

表6.9~表6.11 分别从产业政策、市场环境和同侪压力三个维度对专利突击申请和企业绩效之间的关系进行了稳健性检验。从表中可知，在无产业政策扶持、低市场化程度和同侪压力大的企业，上市前专利突击申请对上市后经营业绩的负面影响更大，结果均与本章实证部分结果基本一致，进一步证实了本书开始提出的假设。

表6.9 企业上市前专利突击申请对经营绩效的影响（改变临近上市变量）

变量	TFP		ROA		ROS	
	（1）	（2）	（3）	（4）	（5）	（6）
	产业政策扶持	无产业政策扶持	产业政策扶持	无产业政策扶持	产业政策扶持	无产业政策扶持
Patent Surge	−0.027 （−0.78）	−0.147 *** （−2.78）	−0.004 （−0.73）	−0.013 （−1.56）	−0.011 （−0.74）	−0.035 （−1.30）
Lev	0.125 （0.65）	−0.389 * （−1.79）	−0.056 ** （−2.09）	−0.082 ** （−2.43）	−0.304 *** （−3.83）	−0.304 *** （−2.71）
Size	−0.042 （−1.14）	−0.029 （−0.59）	−0.001 （−0.15）	0 （0.02）	0.008 （0.55）	0.003 （0.10）
Soe	0.144 * （1.85）	0.258 * （1.73）	0.017 （1.52）	0.010 （0.44）	0.007 （0.22）	0.038 （0.50）
Lage	−0.011 ** （−2.22）	−0.002 （−0.38）	−0.001 （−1.30）	0.000 （0.18）	−0.002 （−1.14）	−0.003 （−1.03）
Cashf	0.567 * （1.71）	0.675 （1.56）	0.187 *** （4.04）	0.280 *** （4.14）	0.591 *** （4.34）	0.745 *** （3.34）
Sharetmt	0.079 （0.98）	−0.227 ** （−2.10）	0.012 （1.06）	−0.011 （−0.65）	0.018 （0.56）	0.030 （0.53）
Top1	−0.001 （−0.87）	−0.002 （−1.24）	−0 （−1.01）	−0 （−0.31）	−0.001 （−1.57）	−0 （−0.07）
Constant	0.994 （1.20）	1.592 （1.45）	0.101 （0.87）	0.102 （0.60）	0.091 （0.27）	0.340 （0.60）
Year	YES	YES	YES	YES	YES	YES
Industry	YES	YES	YES	YES	YES	YES
N	217	114	217	114	217	114
adj. R^2	−0.002	0.171	0.115	0.358	0.201	0.269

注：（1）括号中报告值是 t 统计量；（2）" * "、" ** "和 " *** "分别表示10%、5%和1%显著性水平；（3）本章按公司聚类，并进行稳健的标准误调整。

表 6.10　　　　　　　　企业上市前专利突击对经营绩效的影响：
市场环境视角（改变临近上市变量）

变量	TFP		ROA		ROS	
	(1)	(2)	(3)	(4)	(5)	(6)
	高市场化程度	低市场化程度	高市场化程度	低市场化程度	高市场化程度	低市场化程度
Patent Surge	−0.039 (−0.97)	−0.104 *** (−2.72)	−0.003 (−0.60)	−0.014 ** (−2.27)	−0.008 (−0.47)	−0.038 * (−1.92)
Lev	0.086 (0.43)	−0.205 (−1.12)	−0.054 * (−1.87)	−0.079 *** (−2.75)	−0.327 *** (−3.89)	−0.231 ** (−2.46)
Size	−0.063 (−1.46)	−0.035 (−0.94)	0.004 (0.59)	−0.004 (−0.71)	0.005 (0.28)	0.005 (0.26)
Soe	0.054 (0.48)	0.195 ** (2.47)	0.007 (0.41)	0.024 * (1.91)	−0.013 (−0.28)	0.054 (1.33)
Lage	−0.016 *** (−3.29)	0.001 (0.09)	−0 (−0.57)	−0.001 (−0.95)	−0.002 (−0.95)	−0.004 (−1.50)
Cashf	0.463 (1.24)	0.803 ** (2.46)	0.224 *** (4.19)	0.238 *** (4.67)	0.579 *** (3.68)	0.746 *** (4.46)
Sharetmt	−0.111 (−1.25)	0.120 (1.33)	0.004 (0.28)	0.011 (0.77)	−0.009 (−0.24)	0.087 * (1.89)
Top1	0 (0.28)	−0.002 (−1.16)	−0 (−0.23)	−0 (−1.38)	−0 (−0.32)	−0.001 (−1.11)
Constant	1.794 * (1.84)	0.932 (1.18)	0.016 (0.12)	0.161 (1.30)	0.291 (0.71)	0.129 (0.32)
Year	YES	YES	YES	YES	YES	YES
Industry	YES	YES	YES	YES	YES	YES
N	185	146	185	146	185	146
adj. R^2	0.051	0.229	0.162	0.323	0.195	0.297

注：（1）括号中报告值是 t 统计量；（2）" * "、" ** "和" *** "分别表示 10%、5% 和 1% 显著性水平；（3）本章按公司聚类，并进行稳健的标准误调整。

表 6.11　　　　　　　　企业上市前专利突击对经营绩效的影响：
同侪压力视角（改变临近上市变量）

变量	TFP		ROA		ROS	
	（1）	（2）	（3）	（4）	（5）	（6）
	同侪压力大	同侪压力小	同侪压力大	同侪压力小	同侪压力大	同侪压力小
Patent Surge	-0.156 ** (-2.57)	-0.044 (-1.35)	-0.014 (-1.44)	-0.007 (-1.52)	-0.013 (-0.43)	-0.023 (-1.63)
Lev	-0.237 (-0.91)	-0.036 (-0.22)	0.020 (0.50)	-0.099 *** (-4.08)	-0.253 * (-1.99)	-0.311 *** (-4.22)
Size	-0.006 (-0.13)	-0.050 (-1.43)	-0.007 (-0.84)	0.001 (0.18)	-0.006 (-0.25)	0.006 (0.37)
Soe	0.189 (1.43)	0.123 (1.57)	0.028 (1.36)	0.010 (0.90)	0.067 (1.03)	-0.001 (-0.04)
Lage	0.003 (0.37)	-0.012 *** (-2.74)	-0 (-0.17)	-0.001 (-1.28)	-0.002 (-0.65)	-0.004 * (-1.78)
Cashf	0.595 (1.30)	0.667 ** (2.14)	0.306 *** (4.28)	0.196 *** (4.38)	0.657 *** (2.93)	0.616 *** (4.52)
Sharetmt	0.032 (0.24)	-0.042 (-0.57)	0.018 (0.88)	0.001 (0.08)	0.056 (0.87)	0.015 (0.48)
Top1	-0.001 (-0.27)	-0.001 (-0.72)	-0 (-0.41)	-0 (-0.96)	-0 (-0.43)	-0.001 (-0.96)
Constant	0.655 (0.62)	0.940 (1.20)	0.195 (1.19)	0.085 (0.76)	0.480 (0.93)	0.244 (0.71)
Year	YES	YES	YES	YES	YES	YES
Industry	YES	YES	YES	YES	YES	YES
N	93	238	93	238	93	238
adj. R^2	0.083	0.087	0.225	0.219	0.164	0.257

注：（1）括号中报告值是 t 统计量；（2）"＊"、"＊＊"和"＊＊＊"分别表示 10%、5% 和 1% 显著性水平；（3）本章按公司聚类，并进行稳健的标准误调整。

6.5　进一步分析

在分析企业专利突击对上市后经营业绩的影响后，本章进一步考察了专利突击行为对投资者股票收益率的影响。本书预期，相较于专利突击申请不严重的公司，投资专利突击申请严重的公司长期股票收益率更低。这是由于发行人可以利用信息不对称操纵专利数据导致投资者高估公司价值，提升发行价格。但是上市后，随着公司更多的信息反映出来，发行人与投资者之间的信息不对称情况缓解，股票价格会回归真实价值，从而导致专利突击激进组公司股票长期市场绩效下降，投资者的利益受损。

为此，参考徐浩萍和陈超（2009），本章构建如下模型，考察专利突击行为对上市后投资者股票收益率的影响：

$$\text{Bhar6/Bhar12/Bhar18} = \alpha + \beta \times \text{Patent Surge}_i + \gamma \times \text{Controls}$$
$$+ \text{Industry} + \text{Year} + \varepsilon_{i,t} \qquad (6-2)$$

模型（6-2）中被解释变量 Bhar6、Bhar12、Bhar18 分别为企业上市后持有公司股票 6 个月，12 个月，18 个月股票收益率超过市场收益率的部分。Patent Surge 代表专利突击水平，若公司改制到上市期间的专利平均增长率低于同年度上市公司的四分位数，定义为专利突击保守组的公司，取值为 0，否则，定义为专利突击激进组的公司，取值为 1。参考徐浩萍和陈超（2009），控制变量分别为企业规模（Size）、第一大股东持股比例（Top1）、同期市场指数持有回报（MBHAR）、公司产权属性（SOE）、独立董事占董事会比例（Indep），表 6.12 是模型的回归结果。

从表 6.12 中可以看出，相较于专利突击保守组的公司，专利突击激进组的公司上市后 6 个月、12 个月和 18 个月的长期股票收益率更低。这说明企业突击申请专利会影响投资者对公司价值的判断，如果投资者购买专利突击激进组公司的股票，长期收益率更低，从而损害了投资者的利益。

表 6.12　　　企业上市前专利突击申请对上市后长期股票回报的影响

变量	(1)	(2)	(3)
	Bhar6	Bhar12	Bhar18
Patent Surge	-0.191** (-2.23)	-0.223*** (-2.68)	-0.156* (-1.90)
Size	-0.130** (-2.30)	0.081 (1.00)	0.106 (1.46)
Top1	-0.003 (-1.18)	0.001 (0.27)	-0.001 (-0.40)
Mbhar	-0.471* (-1.83)	-0.031 (-0.10)	-0.272 (-1.24)
Soe	0.060 (0.30)	-0.033 (-0.20)	-0.018 (-0.10)
Indep	-0.995 (-1.60)	-1.055* (-1.72)	-0.269 (-0.41)
Constant	3.117** (2.39)	-1.452 (-0.80)	-2.563 (-1.51)
Year	YES	YES	YES
Industry	YES	YES	YES
N	609	591	533
adj. R^2	0.217	0.203	0.179

注：（1）括号中报告值是 t 统计量；（2）"*"、"**"和"***"分别表示10%、5%和1%显著性水平；（3）本章按公司聚类，并进行稳健的标准误调整。

6.6　本章小结

在第4章，本书发现为了实现上市，创业板公司在上市前会突击申请更多专利，向发审委传递企业高创新能力的信号。在第5章，发现企业上市前的专利突击行为降低了专利质量。在前两章的基础上，本章利用2009～2018年创业板公司作为样本，检验了企业上市前专利突击行为对上市后经营绩效的影响。研究发现：第一，创业板公司上市前的专利突击行为，导致企业在上市后长期绩效变差；第二，相较于未受到产业政策支持的公司，上市前专利突击行为对受到产业政策支持的公司上市后经营业绩的负面影响更大；第三，相较于市场环境较好地区，上市前专利突击行为对市场环境较差地区的公司上市后经营业绩的负面影响更大；第四，相较于同侪压力较小的公司，上市前专利突击行为对同侪压力较大的公司上市后经营业绩的负面影响更大；最后，本章发现上市前专利突击行为向投资者传递错误信号，导致投资者对企业估值过高，损害投资者的长期股票收益。

本章结论具有以下理论和现实意义：从理论意义来看，文章结论证实专利是一把双刃剑，对企业和社会经济发展有着正反两方面作用，只有正确选择专利创新策略，才有可能实现专利促进企业发展的积极效果。从实践意义来看，一方面，创业板公司要想实现持续健康发展，就必须在研发策略方面，积极申请发明专利等实质性创新技术，才能维持企业长期的竞争优势；另一方面，创业板公司上市前专利突击行为扭曲了国家设立创业板的初衷和职能。这就要求创业板发审委改变上市审查制度，实行从审核制向注册制转变，将上市审查过程交给市场，由市场来挑选创新能力好的优秀企业。本章研究结论表明，实质性创新专利才可以有效促进企业绩效和国家经济发展，非市场化动机下的策略性专利申请反而会拖累企业长期的经营业绩。创业板公司在上市前为了实现上市目标而突击申请专利，通过专利数量传递公司研发能力信号，造成创业板融资资源的错配，违背了创业板成立的初衷，不利于创业板持久健康发展。

第7章

结论和建议

7.1 主要研究结论

股票市场是高新技术企业的重要融资平台，近年来，我国政府十分重视股票市场建设，2019 年 7 月 22 日，科创板正式成立，2019 年 12 月 28 日，全国人大常委会修订《中华人民共和国证券法》，全面推行注册制。稀缺的上市（IPO）资源是否配置到最具创新力的企业，关系到我国经济转型和产业升级是否成功。创业板作为我国初创型高科技企业融资的金融市场，承担着为企业创新活动提供融通资金的职能，为我国培育出一大批富有创新能力和世界竞争力的高科技企业。然而，创业板频频爆出的"专利门"事件、高管离职、业绩变脸等乱象，严重制约了创业板为科技企业融资的职能。总结创业板发展的经验教训对完善资本市场制度体系和推行注册制具有借鉴意义。

现有文献表明，由于我国发行监管制度对盈利能力的严格要求，上市公司在新股发行前存在普遍的利润操纵行为（李远鹏，2008）。与主板不同，培育创新型企业的功能定位决定了拟上市公司的研发能力是创业板发审委的审核重点，专利作为衡量企业创新产出的重要指标是发审委获取企业创新能力信息的重要渠道（张艳伟，2011）。然而，已有研究发现，现实中我国企业策略性创新现象普遍存在，近年来我国专利数量的激增现象并非完全是技术进步的体现，为了获取政府创新补贴，企业申请了大量低质量、低价值的专利。鉴于此，本书以 2009~2018 年创业板公司作为样本，考察上市资源的稀缺性和创业板对专利的重视是否会促使企业上市前突击申请专利。

本书通过实证检验发现：第一，创业板公司上市前有突击申请专利的现象，具体表现为创业板公司在临近上市前，专利申请数量激增，上市后增长停滞，并且相较于发明专利，非发明专利的突击现象更明显。进一步地，企业上市前研发投入并未表现出同比上升的趋势，这说明上市前的专利激增现象是企业的一种策略性申请行为，而非企业正常研发的产物。第二，创业板企业专利突击申请行为降低了专利质量，具体表现为专利被引用数量和专利价值度降低，而且专利突击申请行为越严重，创业板公司上市后长期业绩表现越差。第三，2014 年证监会修订创业板招股说明书披露准则，强化审查和核实创业板拟上市公司专利信息，要求不得在招股说明书中披露已申请但未经授权专利，这一政策并未约束创业板上市公司的专利突击行为，现实情况是拟上市公司改变专利申请策略，专利突击时间前移。第四，相较于创业板，科创板公司利用非发明专利进行专利突击的现象不明显，上市前发明专利与非发明专利协同增长。第五，本书发现在无产业政策扶持，市场环境更差、同侪压力更大的情况下，企业上市前专利突击行为更严重，上市前专利质量下降幅度越大，企业上市前专利突击行为对上市后长期经营业绩带来的负面影响更大。

7.2　研究成果的理论贡献

与以往研究相比，本书主要有以下几点贡献。

第一，现有研究主要考察首次公开发行股票对企业上市后创新能力的影响，与以往文献不同，本书考察了首次公开发行股票对企业上市前专利申请策略的影响，发现企业在上市前存在突击申请专利的现象，并检验了这一现象对专利质量和上市后经营业绩的影响，对以往文献进行了补充。大量文献研究表明，企业创新受融资约束影响较为严重，而上市能够带来更多低成本资金，显著促进了企业创新。既往研究更多注重首次公开发行股票（IPO）对上市后企业创新的影响，较少涉及上市前时段关于企业专利创新行为的研究。由于专利是衡量企业创新能力的重要指标，创业板上市审查又较为注重对专利的考察，并且通常认为专利数量越多，代表着企业的创新能力越强。创业板拟上市公司为了能够顺利上市并获得较好的发行定价，采用"重数量，轻质量"的创新策略，通过申请更多低质量的非发明专利来向发审委、市场和投资者传递创新能力信号。信号理论诞生伊始，企业通过信号向外界传递信息以降低信息不对称，减少委托代理问题。逐步地，越来越多虚假的信号由企业向外界传递，严重影响投资者对企业价值的正确判断。本书所研究企业上市前的专利突击，就是一种虚假的信号传递行为，企业向外界传递了不真实的企业研发信息。所以，本书的理论贡献之一，就是延展了上市和企业创新关系的研究时段，聚焦研究上市前时段，同时发现了企业策略性创新是一种虚假的信号传递，增加信息不对称，进而加深了委托代理问题，导致了较差的企业长期绩效。

第二，现有文献表明政府创新激励政策和高新技术资质认定是导致企业策略性创新的重要因素，政府创新激励政策可以为企业带来资金奖励，高新技术企业资质认定可以为企业带来资金补助和减税优惠。企业以盈利为目的，创新激励政策可以为企业带来政府补贴，高新技术资格可以为企业带来税收优惠，这两个方面都能为企业减少成本并增加利润。企业的逐利性，很好地解释企业策略性创新的行为动机。类似地，企业上市后能够有效降低企业的融资成本，所以企业有较强的上市动机。特别是我国创业板公司的特征，加之上市资源的稀缺，决定了创业板公司对创业板上市有更强的需求。本书基于我国上市资源稀缺的现实背景，结合典型案例和大样本结果，通过实证检验，发现创业板公司上市前存在较为严重的专利突击行为，降低了专利质量并负向影响上市后的企业绩效。策略性创新行为，扭曲了创业板成立的初衷，影响资本市场对真正创新企业的支持，并且损害了企业的科研创新能力，无助于企业长期持续的高质量发展。

第三，现有文献大多关注上市对企业盈余管理行为的影响，盈余管理属于企业对公司财务信息的操纵。既往文献研究表明，企业在上市前通常会对财务数据"大洗澡"，通过盈余管理粉饰招股说明书和财务报表，盈余管理的手段也逐步由应计盈余管理向真实盈余管理转变，因为真实盈余管理的手段更为隐蔽，更不容易被发现。但是，真实盈余管理对企业的长期业绩伤害比应计盈余管理更强。随着监管的进一步加强以及财务审计的发展，对财务数据进行盈余管理的空间越来越小，拟上市企业不得不将盈余管理对象由财务数据转向非财务信息。专利作为一种典型的非财务信息，在企业运营中的地位越来越重要，因为专利和企业财务绩效的关联较为紧密，企业创新水平和能力较为深刻地影响企业未来的绩效表现。在财务数据盈余管理受限的情况下，创业板拟上市公司为实现上市目标，对专利这一非财务信息进行操纵，从而达到粉饰公司创新能力，向外界传递虚假创新能力信号，进而实现在创业板上市并获得较高发行定价的目的。实质上，盈余管理和上市前专利突击有着类似的动机和手段，都是粉饰报表，包装招股说明书的一种手段。基于以上分析，财务数据盈余管理和专利指标管理有着较多的相似之处，故本书将企业上市前对财务指标操纵的盈余管理概念拓展到了非财务指标领域。

7.3　几点启示

自熊彼特（Shumpeter）在1912年提出创新概念以来，时至今日，创新依然是国内外管理领域的重要话题和关注焦点。学者们不断深化研究，探讨企业创新行为的决定因素及其经济后果，形成竞争优势理论、资源基础观和新发展理论等创新新理念。现有研究考察了研发投入、科研人员数量、制度环境、法律法规对创新的影响，但现有关于创新和企业上市的研究，也是基于企业上市后的创新产出研究。与主板和中小板不同，创业板自诞生之日起就致力于服务高新技术企业，所以本书选用创业板公司为样本考察了上市前的专利申请行为及其影响，探讨了不同情境下公司上市对专利产出的影响，发现了上市容易造成企业在上市前突击申请专利的证据。

　　上市是企业进行外部融资的主要方式之一。创业板能够缓解初创高新技术企业融资难问题，通过融资促进中小企业创新能力的提升。国家于1999年提出创业板至2009年正式推出，十年磨一剑，创业板被寄予厚望。但是，开板前"高成长、高科技、高收益"的期待变成开板后的"高发行价、高市盈率和高超募资金"的现状，并引发创业板"专利门"等乱象。本书基于IPO资源稀缺的制度背景，考察了创业板公司上市前的专利突击行为及其对企业经营业绩影响。我国创业板发行审核制度并不完善，企业通常会粉饰专利产出对自身创新能力进行包装，这一方面可以获得上市资源，另一方面可以树立良好的声誉。然而，企业在申请专利时往往存在"重数量、轻质量"的状况，现有研究发现政府补贴可以弥补部分甚至全部的专利成本费用，企业利用政府补贴申请大量低成本、低质量、低价值的专利，传达企业具有良好竞争优势的信号。本书发现为了能够上市，企业也会在上市前"制造"大量的专利。特定情境下的专利突击，造成专利质量的低下，并且这类专利通常很难转化为生产力。这样一来，可能造成"专利丛林"，形成"加速化陷阱"，专利原本的目的是促进企业创新能力提升和生产绩效进步，大量的无效研发产出阻碍了企业的收入和利润增长，并进一步地损害了社会的高质量发展。本书结论启示我们既要加强创业板建设完善其为新创高科技企业融资作用，又要强化对创业板专利研发的合理监督和引导，使创业板真正担负起"提升企业创新能力和成长性"的使命，最终实现国家创新能力提升和经济高质量发展。

　　通过本书的研究可以更好地了解创业板公司基于上市动机的策略性创新行为及其对专利质量的影响，为改革上市披露规则并提升上市前专利申请质量提供参考。由于专利制度及创业板披露规则的不完善，加之企业强烈的上市动机，形成创业板公司上市前大量进行策略性创新实现制度套利，并引起专利质量下滑的后果。结合中国创业板公司上市前专利质量变化的现象和成因，本书提出如下政策建议：

　　第一，加快我国专利制度的国际化趋同进程。实用新型专利最早出现在日本，随后在德国、中国等国家得到应用。实用新型专利的初衷是后发展国家以"小发明"策略来应对美国的技术垄断优势，实用新型专利在技术追赶初期发挥了一定积极效果，但是在进入高收入发展阶段后，不能持续发挥促进经济发展的作用。就我国当下情况而言，取消实用新型专利的数量奖励政策，逐步增加实用新型专利实质性审查环节，借鉴参考其他国家先进做法降低对实用新型专利的依赖，通过多种途径有效提升实用新型专利质量。美国、日本和韩国都有过实用新型专利的发展经验，我们应该吸收先进国家在专利管理和授权方面的先进经验。另外，美国依然是当今世界上科技最为发达的国家，历次美国创新政策的变动，都能够引起世界范围内的专利制度变革。我国也应该密切关注美国科技政策的优化，紧跟先进国家制度，以完善我国的专利评价体系相关制度。

第二，改进上市企业的专利信息披露形式和创新能力评价标准，引导企业更加关注专利质量。当前企业的专利披露形式为拟上市公司披露自身拥有的专利数量并在招股说明书中予以列示，导致企业有突击申请专利彰显竞争优势的动机，向外界传递并不准确的创新能力信号。改变专利披露形式，要求企业不再披露专利数量，建议企业最多列举 5 ~ 10 条代表性专利，并阐述相关专利带来的经济效果，通过列示每条专利对应的收入和利润，更好地展示代表性专利对企业绩效的促进效应。由于披露形式的变化引起创新能力评价标准的改变，企业专利申请就会由追求数量向追求质量转变。企业才可能踏实地专注于实质性创新研发，而不是热衷于专利数量的策略性创新。此外，还应该改变创新能力评价标准，给予企业创新更多的时间以及包容其暂时性的失败。根据美国管理学家曼索（Manso，2011）的观点，容忍暂时的失败，才能成功激励更多的创新；习近平总书记也在全国科学技术大会上表示："科学研究要着眼长远，不能急功近利，欲速则不达。"① 科研创新应该鼓励"坐冷板凳"，给予更多的时间和资金支持，鼓励关键创新，特别是涉及基础研究和国家安全的创新。只有改变专利信息披露形式和创新能力评价标准，才能引导企业创新战略由策略性创新向实质性创新转变。

第三，推广注册制，将审核监督职能从单一的监管机关转为市场专业机构。核准制标准下，监管机关对企业上市资格进行实质审查，往往由于专业

① 20 句话回顾习近平对科技工作者的殷切期望［EB/OL］. 中国青年网，2020 - 05 - 30.

性不足难以做出科学准确的评价。由于专利通常涉及某一具体领域，政府和普通投资者都无法有效识别专利的创新性及其经济价值。专利的专业性导致企业存在策略性创新空间，申请低质量专利向外界传递并不准确的创新能力信号。要解决信息不对称引发的委托代理问题，就要积极引入能够识别专利质量及其经济性的评估机构和专业人员，增强对企业创新水平的识别能力。相对核准制而言，注册制能够较好地解决信息不对称引发的委托代理问题。实行注册制后，监管机关不再负责对企业能否上市做出实质性评价，而仅对其递交的上市文件是否符合上市制度规定作形式审查。企业是否具备较强的创新能力，相关专利是否具有较高质量和经济价值，都将由保荐机构、专利事务所等专业单位评定，其评价结果更加客观。市场专业机构的鉴定，将会较好地识别策略性创新，有效杜绝企业利用信息不对称而对外传递虚假创新信号，减少企业套利空间。这将有效促使企业将研发重心放到发展高质量专利上，充分发挥专利对经济发展的促进作用。

第四，完善政府激励补贴政策，实现从"重数量"向"重质量"的转变。政府专利资助政策应更多鼓励企业研发高质量专利，尤其重视关键核心技术的资助。政府应该聘请知识产权评估的相关机构和人员，提高专利质量识别的能力和水平。同时，在不同地区、不同产业以及不同经济周期下，不同的企业专业发展模式具有不同的特征。本书实证检验不同产业政策、市场环境和同侪效应下的上市前专利突击，发现其专利突击程度及其经济后果也不相同。相应地，政府专利政策应该因地施策、因事施策、因时施策，加大对专利发明的后期资助，实行分类别的精准资助政策，真正发挥政府补贴政策对专利质量的激励和提升作用。只有完善政府激励补贴政策，才能发挥好指挥棒作用，引导企业逐步转向高质量创新的发展方向，以实现我国知识产权强国的建设目标。

7.4 研究局限及后续的研究方向

本书的局限性主要体现在以下三方面：

第一，专利质量的衡量问题。本书研究创业板公司上市前专利突击行为对专利质量的影响时，使用了专利被引用数量和专利价值度（又称合享价值度）作为专利质量的计量指标。虽然专利被引用数量是衡量专利质量的常用指标，但是由于专利被引用数量受到时间的影响，其衡量专利的准确性存在一定截尾偏误。鉴于此，本书选取了北京合享智慧科技有限公司开发的专利价值度指标，合享价值度是专利领域运用较多的评价指标体系，通过对比已有专利的专利被引用数量、专利族、质押信息、诉讼信息等专利质量指标对被评价专利进行客观评定。尽管该指标受时间影响较小，但是也难以完全杜绝专利估值模型中不可回避的由时间原因导致的价值判定误差的问题。

第二，企业上市前的专利增长是否是一种正常的现象。尽管笔者通过咨询实务界人士发现企业上市前确实存在突击申请专利的策略性行为。但是由于实证方法的限制，本书仍然无法排除企业在上市前是否因为自身创新水平实质提升而申请了大量专利，也不能排除上市后专利申请数量下降是由于企业其他方面的因素影响。笔者在实证中通过检验研发投入是否也存在上市前激增，上市后增长停滞的现象，以说明企业上市前激增的专利是否有其资金基础，间接证明上市前的专利增长是企业策略性创新的产物。但这种方法也不能精准度量企业上市前后创新能力和水平实际变化，因为创新及其对经济发展的影响，需要较长时间的观测。理论界和实务界对专利质量的评价，尚未形成较为统一的科学结论。

第三，由于科创板发展历程较短，科创板上市公司数量还较少，科创板公司的专利质量受时间影响较大，导致本书未能有充分的时间段和数据源检验科创板拟上市公司上市前申请的专利质量变化以及对上市后经营业绩的影响。在这种情况下，笔者只能通过检验科创板企业发明专利与非发明专利申请数量的变化，判定科创板公司上市前没有实施创业板公司专利突击的类似行为。未来的研究可以进一步检验科创板公司上市前各种类型专利数量及其质量变化，并检验上市前专利申请行为是否对专利质量和企业绩效产生较大影响，以及科创板的上市规则如何堵住制度漏洞，进而抑制企业策略性创新行为。科创板是我国多层次资本市场的重要组成部分，注册制着力于解决我国资本市场存在的诸多问题。加大对科创板和注册制的研究，有利于完善股票发行披露制度，激励企业实质性创新，有效促进企业绩效和社会经济发展，具有较高的理论意义和现实意义。

参 考 文 献

[1] 安同良，周绍东，皮建才．R&D 补贴对中国企业自主创新的激励效应 [J]．经济研究，2009（10）：87 – 98，120.

[2] 敖晓波．苏州恒久陷入"专利门" [J]．中国发明与专利，2010（4）：16 – 17.

[3] 巴曙松．创业板市场的推出及其政策优势 [J]．西部论丛，2009（7）：50 – 52.

[4] 白云霞，陈华，黄志忠．法制环境、审计质量与 IPO 首日回报——来自国有 IPO 公司的证据 [J]．审计研究，2009（3）：67 – 73，90.

[5] 鲍宗客，施玉洁，钟章奇．国家知识产权战略与创新激励——"保护创新"还是"伤害创新" [J]．科学学研究，2020，38（5）：843 – 851.

[6] 毕晓方，张俊民，李海英．产业政策、管理者过度自信与企业流动性风险 [J]．会计研究，2015（3）：57 – 63.

[7] 蔡春，李明，和辉．约束条件、IPO 盈余管理方式与公司业绩——基于应计盈余管理与真实盈余管理的研究 [J]．会计研究，2013（10）：35 – 42.

[8] 蔡春，朱荣，和辉，等．盈余管理方式选择、行为隐性化与濒死企业状况改善——来自 A 股特别处理公司的经验证据 [J]．会计研究，2012（9）：31 – 39.

[9] 曹平，王桂军．选择性产业政策、企业创新与创新生存时间——来自中国工业企业数据的经验证据 [J]．产业经济研究，2018（4）：26 – 39.

[10] 陈冬华，李真，新夫．产业政策与公司融资——来自中国的经验

证据 [J]. 2010 中国会计与财务研究国际研讨会论文集 [C]. 2010.

[11] 陈冬华，祝娟，俞俊利. 盈余管理行为中的经理人惯性——一种基于个人道德角度的解释与实证 [J]. 南开管理评论，2017，20（3）：144－158.

[12] 陈强远，林思彤，张醒. 中国技术创新激励政策：激励了数量还是质量 [J]. 中国工业经济，2020（4）：79－96.

[13] 陈燊，邓春梅，陈汉文. 融资约束、内部控制与盈余管理策略 [J]. 东南学术，2020（4）：147－156.

[14] 陈文俊，彭有为，胡心怡. 战略性新兴产业政策是否提升了创新绩效 [J]. 科研管理，2020，41（1）：22－34.

[15] 陈修德，彭玉莲，卢春源. 中国上市公司技术创新与企业价值关系的实证研究 [J]. 科学学研究，2011，29（1）：138－146.

[16] 陈战光，李广威，梁田，等. 研发投入、知识产权保护与企业创新质量 [J]. 科技进步与对策，2020，37（10）：108－117.

[17] 程富，孙世敏，张佳叶. 退市制度变更对上市公司盈余管理行为的影响 [N]. 东北大学学报（自然科学版），2019，40（4）：602－608.

[18] 程玲，汪顺，刘晴. 融资约束与企业研发操纵的经济学分析 [J]. 财贸经济，2019（8）：67－82.

[19] 程仲鸣，虞涛，潘晶晶，等. 地方官员晋升激励、政绩考核制度与企业技术创新 [J]. 南开管理评论，2020，23（6）：64－75.

[20] 戴魁早，刘友金. 市场化改革能推进产业技术进步吗？——中国高技术产业的经验证据 [J]. 金融研究，2020（2）：71－90.

[21] 杜瑞，李延喜. 企业研发活动与盈余管理——微观企业对宏观产业政策的适应性行为 [J]. 科研管理，2018，39（3）：122－131.

[22] 杜兴强，杜颖杰. 濒死体验、盈余管理、政治联系与朽而不倒——基于 ST、*ST、SL 类民营上市公司的经验 [N]. 山西财经大学学报，2010（7）：70－78.

[23] 樊纲，王小鲁，马光荣. 中国市场化进程对经济增长的贡献 [J]. 经济研究，2011（9）：4－16.

［24］樊纲，王小鲁，张立文，等.中国各地区市场化相对进程报告［J］.经济研究，2003（3）：9－18.

［25］樊纲，王小鲁，朱恒鹏.中国市场化指数各地区市场化相对进程2011年报告［M］.北京：经济科学出版社，2011.

［26］范建华，郭佳佳.专利与经济增长的实证研究：来自陕西的经验［J］.产经评论，2011（6）：152－157.

［27］范晓男，张雪，鲍晓娜.市场竞争、技术创新与企业全要素生产率——基于A股制造业上市公司的实证分析［J］.价格理论与实践，2020（7）：162－180.

［28］冯涛，张美莎.营商环境、金融发展与企业技术创新［J］.科技进步与对策，2019，37（6）：147－153.

［29］冯潇，孟卫东，黄波，等.企业与政府间的创新信号传递与反馈研究［J］.科学学与科学技术管理，2020，41（8）：162－180.

［30］付明卫，叶静怡，孟俣希，等.国产化率保护对自主创新的影响——来自中国风电制造业的证据［J］.经济研究，2015（2）：118－131.

［31］付晔.中国高校专利产出机制研究［D］.广州：华南理工大学，2010.

［32］傅利英，张晓东.高校科技创新中专利高申请量现象的反思和对策［J］.科学学与科学技术管理，2011（3）：122－128.

［33］高雯雯，孙成江，刘玉奎.中国专利产出与经济增长的协整分析［J］.情报杂志，2006（1）：34－36.

［34］巩鑫林，唐文琳.我国上市公司融资决策的同伴效应研究［J］.经济问题，2020（1）：54－63.

［35］郭园园，成力为.外部融资渠道与企业异质性R&D投资［J］.科学学研究，2016，34（6）：887－895.

［36］郭玥.政府创新补助的信号传递机制与企业创新［J］.中国工业经济，2018（9）：98－116.

［37］韩剑，严兵.中国企业为什么缺乏创造性破坏——基于融资约束的解释［J］.南开管理评论，2013，16（4）：124－132.

[38] 韩永辉, 黄亮雄, 王贤彬. 产业政策推动地方产业结构升级了吗?——基于发展型地方政府的理论解释与实证检验 [J]. 经济研究, 2017 (8): 33 –48.

[39] 何燎原, 王平心. 控制权转移过程中的盈余管理行为研究——基于深市上市公司的实证研究 [J]. 财政研究, 2005 (4): 48 –50.

[40] 何守兵, 张超, 刘晓华. 移动支付身份认证技术专利分析 [J]. 中国发明与专利, 2019, 16 (S2): 54 –59.

[41] 何雨晴, 丁红燕. 清晰抑或模糊: 企业创新行为的披露策略——基于高新技术上市公司的研究 [N]. 山西财经大学学报, 2021, 43 (4): 63 –74.

[42] 洪俊杰, 石丽静. 自主研发、地区制度差异与企业创新绩效——来自 371 家创新型企业的经验证据 [N]. 山西财经大学学报, 2017, 35 (2): 310 –320.

[43] 侯筱蓉, 司有和, 吴海燕. 专利产出与区域经济增长关系的多样性分析——以重庆市 1990 – 2005 年专利产出为例 [J]. 科技管理研究, 2008 (2): 197 –199.

[44] 侯媛媛, 刘云, 谭龙. 企业专利申请动机及其影响因素 [J]. 技术经济, 2012 (11): 44 –49.

[45] 黄福宁, 闻岳春. 创业板风险、监控模型及管理研究 [M]. 北京: 世界图书出版公司, 2013.

[46] 黄亮华, 谢德仁. IPO 前的业绩压力、现金流约束与开发支出会计政策隐性选择 [J]. 南开管理评论, 2014, 17 (6): 72 –82.

[47] 黄新建, 段克润. 中国上市公司并购与盈余管理实证研究 [J]. 软科学, 2007, 21 (12): 66 –69.

[48] 贾俊生, 伦晓波, 林树. 金融发展、微观企业创新支出与经济增长——基于上市公司专利视角的实证分析 [J]. 金融研究, 2017 (1): 99 –103.

[49] 江诗松, 何文龙, 路江涌. 创新作为一种政治战略: 转型经济情境中的企业象征性创新 [J]. 南开管理评论, 2019, 22 (2): 104 –113.

[50] 姜彩楼. 我国专利产出与经济增长的协整关系研究 [N]. 西安财经学院学报, 2008 (5): 91 - 94, 103.

[51] 姜军, 申丹琳, 江轩宇, 等. 债权人保护与企业创新 [J]. 金融研究, 2017 (11): 128 - 142.

[52] 姜南. 我国省域战略性新兴产业专利竞争优势研究 [J]. 情报杂志, 2017, 36 (10): 117 - 122.

[53] 金宇, 王培林, 富钰媛. 选择性产业政策提升了我国专利质量吗? ——基于微观企业的实验研究 [J]. 产业经济研究, 2019 (6): 34 - 49.

[54] 鞠树成. 中国专利产出与经济增长关系的实证研究 [J]. 科学管理研究, 2005 (5): 100 - 103.

[55] 鞠晓生. 中国上市企业创新投资的融资来源与平滑机制 [J]. 世界经济, 2013 (4): 138 - 158.

[56] 康志勇, 刘馨. 政府支持与市场竞争对企业创新绩效的交互影响 [J]. 研究与发展管理, 2020 (6): 66 - 77.

[57] 康志勇. 融资约束、政府支持与中国本土企业研发投入 [J]. 南开管理评论, 2013, 16 (5): 61 - 70.

[58] 康志勇. 政府补贴促进了企业专利质量提升吗? [J]. 科学学研究, 2018, 36 (1): 69 - 80.

[59] 雷辉, 李智欣. 外部融资方式、金融发展与中小企业创新 [N]. 湖南大学学报 (社会科学版), 2020, 34 (6): 38 - 48.

[60] 雷挺, 栗继祖. 营商环境优化如何激发企业的创新活力——内在机制及创新边际 [N]. 山西财经大学学报, 2020, 42 (12): 30 - 39.

[61] 黎文靖, 李耀淘. 产业政策激励了公司投资吗 [J]. 中国工业经济, 2014 (5): 122 - 134.

[62] 黎文靖, 郑曼妮. 实质性创新还是策略性创新? ——宏观产业政策对微观企业创新的影响 [J]. 经济研究, 2016 (4): 60 - 73.

[63] 李凤梅, 柳卸林, 高雨辰, 等. 产业政策对我国光伏产业创新与经济绩效的影响 [J]. 科学学与科学技术管理, 2017, 38 (11): 47 - 60.

[64] 李诗，洪涛，吴超鹏．上市公司专利对公司价值的影响——基于知识产权保护视角 [J]．南开管理评论，2012 (6)：6 -15，26.

[65] 李伟．试析"专利爆炸"产生的原因——基于对专利制度的考察 [J]．科学学与科学技术管理，2010 (2)：23 -27.

[66] 李晓霞，罗党论，王碧彤．谁更能识别企业创新：政府还是市场？——基于 A 股 IPO 上市公司的实证研究 [J]．会计与经济研究，2019，33 (6)：3 -18.

[67] 李忆，马莉，苑贤德．企业专利数量、知识离散度与绩效的关系——基于高科技上市公司的实证研究 [J]．情报杂志，2014，33 (2)：194 -200.

[68] 李云鹤，黄雨薇，马圣杰．上市促进了企业创新吗？——来自创业板制造业企业的经验证据 [J]．南方经济，2018 (7)：59 -74.

[69] 李真，席菲菲，陈天明．企业融资渠道与创新研发投资 [J]．外国经济与管理，2020，42 (8)：123 -138.

[70] 李仲飞，杨亭亭．专利质量对公司投资价值的作用及影响机制 [N]．管理学报，2015，12 (8)：1230 -1239.

[71] 林慧婷，何玉润，王茂林．市场化改革与企业 R&D 投入——基于中国 A 股非金融上市公司的实证分析 [J]．会计研究，2018 (8)：28 -34.

[72] 林志帆，龙晓旋．卖空威胁能否激励中国企业创新 [J]．世界经济，2019 (9)：126 -150.

[73] 林洲钰，林汉川，邓兴华．所得税改革与中国企业技术创新 [J]．中国工业经济，2013 (3)：111 -123.

[74] 林洲钰，林汉川，邓兴华．政府补贴对企业专利产出的影响研究 [J]．科学学研究，2015，33 (6)：842 -849.

[75] 蔺鹏，孟娜娜，褚席，等．金融结构对技术创新效率的影响效应——不同金融发展模式对比分析 [J]．科技进步与对策，2020，37 (14)：21 -30.

[76] 刘督，万迪昉，吴祖光．我国创业板市场能够识别创新质量吗？

[J]. 科研管理，2016，37 (12)：46-54.

[77] 刘静，王克敏. 同群效应与公司研发——来自中国的证据 [J].
经济理论与经济管理，2018 (1)：21-32.

[78] 刘林青，陈紫若，王罡. 市场信号、技术特征与中国国际高质量
专利 [J]. 经济管理，2020 (2)：23-39.

[79] 卢太平，张东旭. 融资需求、融资约束与盈余管理 [J]. 会计研
究，2014 (1)：35-41.

[80] 卢现祥，笪琼瑶. 知识溢出、知识产权保护与企业创新 [J]. 江
汉论坛，2020 (11)：19-30.

[81] 卢馨，郑阳飞，李建明. 融资约束对企业 R&D 投资的影响研
究——来自中国高新技术上市公司的经验证据 [J]. 会计研究，2013 (5)：
51-58.

[82] 陆蓉，王策，邓鸣茂. 我国上市公司资本结构"同群效应"研究
[J]. 经济管理，2017 (1)：181-194.

[83] 逯东，万丽梅，杨丹. 创业板公司上市后为何业绩变脸？[J]. 经
济研究，2015 (2)：132-144.

[84] 逯东，朱丽. 市场化程度、战略性新兴产业政策与企业创新 [J].
产业经济研究，2018 (2)：65-77.

[85] 罗福凯，李启佳，庞廷云. 企业研发投入的"同侪效应"检验
[J]. 产业经济研究，2018 (6)：10-21.

[86] 马晶梅，赵雨薇，王成东，等. 融资约束、研发操纵与企业创新
决策 [J]. 科研管理，2020，41 (12)：171-183.

[87] 马双，曾刚，张翼鸥，等. 中国地方政府质量与区域创新绩效的
关系 [J]. 经济地理，2017，37 (5)：35-41.

[88] 马永强，赖黎，曾建光. 盈余管理方式与信贷资源配置 [J]. 会
计研究，2014 (12)：39-45.

[89] 毛昊，尹志峰，张锦. 中国创新能够摆脱"实用新型专利制度使
用陷阱"吗？[J]. 中国工业经济，2018 (3)：98-115.

[90] 孟猛猛，雷家骕，焦捷. 专利质量、知识产权保护与经济高质量

发展 [J]. 科研管理, 2021, 42 (1): 135 – 145.

[91] 倪敏, 黄世忠. 非机会主义动机盈余管理: 内涵分析与实证研究述评 [J]. 审计与经济研究, 2014 (1): 58 – 68.

[92] 潘红波, 杨海霞. 融资约束与企业创新: 文献综述 [J]. 财会月刊, 2021 (1): 30 – 36.

[93] 盘宇章, 寇宗来. 创新政策对中国上市公司专利行为的影响——基于专利生产函数估计 [J]. 产业经济研究, 2015 (3): 54 – 63.

[94] 彭镇, 连玉君, 戴亦一. 企业创新激励: 来自同群效应的解释 [J]. 科研管理, 2020, 41 (4): 45 – 53.

[95] 祁怀锦, 黄有为. IPO 公司盈余管理行为选择及不同市场间的差异 [J]. 会计研究, 2016 (8): 34 – 41.

[96] 邱洋冬. 选择性产业政策如何影响企业绩效——来自高新技术企业资质认定的经验证据 [N]. 广东财经大学学报, 2020 (3): 70 – 83.

[97] 仇云杰, 吴磊, 张文文. 知识产权保护影响企业研发绩效吗——基于微观数据的实证分析 [N]. 华中科技大学学报, 2016, 30 (2): 87 – 98.

[98] 申宇, 黄昊, 赵玲. 地方政府"专利崇拜"与企业专利泡沫 [J]. 科研管理, 2018, 39 (4): 83 – 91.

[99] 申宇, 赵玲, 吴风云. 创新的母校印记: 基于校友圈与专利申请的证据 [J]. 中国工业经济, 2017 (8): 156 – 172.

[100] 沈映春, 陈昌柏. 知识产权在国防科技工业中的自产值及其对 GDP 增长的贡献份额研究 [J]. 科技与经济, 2005 (4): 18 – 21.

[101] 石桂峰. 地方政府干预与企业投资的同伴效应 [J]. 财经研究, 2015 (12): 84 – 94, 106.

[102] 宋河发. 面向创新驱动发展与知识产权强国建设的知识产权政策研究 [M]. 北京: 知识产权出版社, 2018.

[103] 宋河发, 穆荣平, 陈芳, 等. 基于中国发明专利数据的专利质量测度研究 [J]. 科研管理, 2014, 35 (11): 68 – 76.

[104] 孙刚. "科技认定"、代理成本与创新绩效——基于上市公司专利申请的初步证据 [J]. 科学学研究, 2018, 36 (2): 249 – 263.

[105] 孙刚. 选择性高科技产业政策能被精准执行吗——基于"高新技术企业"认定的证据 [J]. 经济学家, 2018 (8): 75 – 85.

[106] 孙健, 王百强, 曹丰, 等. 公司战略影响盈余管理吗? [J]. 管理世界, 2016 (3): 160 – 169.

[107] 孙良柱. 融资约束、盈余管理与技术创新——基于制造业上市公司的实证分析 [N]. 贵州财经大学学报, 2020 (6): 29 – 37.

[108] 孙早, 刘李华, 孙亚政. 市场化程度、地方保护主义与 R&D 的溢出效应——来自中国工业的经验证据 [J]. 管理世界, 2014 (8): 78 – 89.

[109] 孙早, 席建成. 中国式产业政策的实施效果——产业升级还是短期经济增长 [J]. 中国工业经济, 2015 (7): 52 – 67.

[110] 谭劲松, 刘建平, 冯飞鹏. 产业政策引导下企业研发投资与创新产出效率 [J]. 中国会计评论, 2017, 15 (3): 68 – 76.

[111] 谭劲松, 赵晓阳. 企业专利战略与环境匹配: 前沿述评与展望 [J]. 外国经济与管理, 2019, 41 (1): 3 – 15.

[112] 谭龙, 刘云. 从制度变革看中国专利申请量的增长 [J]. 科技进步与对策, 2014 (2): 113 – 117.

[113] 谭龙. 中国专利激增: 区域差异、驱动因素与协调发展对策研究 [D]. 北京: 北京理工大学, 2015.

[114] 谭小芬, 钱佳琪. 资本市场压力与企业策略性专利行为: 卖空机制的视角 [J]. 中国工业经济, 2020 (5): 156 – 173.

[115] 田珺, 冉忠明. 专利法修改与企业创新——来自上市公司的实证研究 [J]. 科技进步与对策, 2020, 37 (6): 137 – 146.

[116] 田轩, 孟清扬. 股权激励计划能促进企业创新吗 [J]. 南开管理评论, 2018, 21 (3): 176 – 190.

[117] 万良勇, 梁婵娟, 饶静. 上市公司并购决策的行业同群效应研究 [J]. 南开管理评论, 2016 (3): 40 – 50.

[118] 万源星, 许永斌. 高新认定办法、研发操纵与企业技术创新效率 [J]. 科研管理, 2019, 40 (4): 54 – 62.

[119] 万源星，许永斌，许文瀚. 加计扣除政策、研发操纵与民营企业自主创新 [J]. 科研管理，2020，41 (2)：83 –93.

[120] 王福胜，吉姗姗，程富. 盈余管理对上市公司未来经营业绩的影响研究——基于应计盈余管理与真实盈余管理比较视角 [J]. 南开管理评论，2014，17 (2)：

[121] 王建华，王海云. 关于研发投资"加速化陷阱"的实证分析 [J]. 国际贸易问题，2005 (11)：97 –102.

[122] 王侃. 模仿资源异质性与新创企业投资决策 [J]. 南方经济，2014 (11)：67 –77.

[123] 王克敏，刘静，李晓溪. 产业政策、政府支持与公司投资效率 [J]. 管理世界，2017 (3)：113 –124.

[124] 王克敏，杨国超，刘静，等. IPO 资源争夺、政府补助与公司业绩研究 [J]. 管理世界，2015 (9)：147 –157.

[125] 王兰芳，王悦，侯青川. 法制环境、研发"粉饰"行为与绩效 [J]. 南开管理评论，2019，22 (2)：121 –141，185.

[126] 王砾，孔东民，代昀昊. 官员晋升压力与企业创新 [N]. 管理科学学报，2018，21 (1)：111 –126.

[127] 王小鲁，樊纲，余静文. 中国分省份市场化指数报告 [M]. 北京：社会科学文献出版社，2017.

[128] 温军. 法律、投资者保护与企业自主创新 [J]. 当代经济科学，2011，33 (5)：50 –58，126.

[129] 温军，张森. 专利、技术创新与经济增长——一个综述 [J]. 华东经济管理，2019，33 (8)：152 –160.

[130] 吴联生，薄仙慧，王亚平. 避免亏损的盈余管理程度：上市公司与非上市公司的比较 [J]. 会计研究，2007 (2)：44 –51.

[131] 吴晓东，顾文军. 创业板市场与投资 [M]. 成都：西南财经大学出版社，2019.

[132] 吴晓求. 中国创业板市场：成长与风险 [M]. 北京：中国人民大学出版社，2011.

[133] 吴玉洁，姜红，亨克·德弗里斯（Henk de Vries）. 面向标准竞争优势的动态知识管理能力：形成机理与提升路径 [J]. 情报杂志，2019，38（12）：200 – 208.

[134] 夏同水，明娣. 上市公司战略类型、融资需求与盈余管理 [J]. 会计之友，2021（1）：30 – 43.

[135] 肖文，林高榜. 政府支持、研发管理与技术创新效率：基于中国工业行业的实证分析 [J]. 管理世界，2014（4）：71 – 80.

[136] 肖延高，刘鑫，童文锋，等. 研发强度、专利行为与企业绩效 [J]. 科学学研究，2019，37（7）：1153 – 1163.

[137] 解维敏，方红星. 金融发展、融资约束与企业研发投入 [J]. 金融研究，2011（5）：171 – 183.

[138] 解维敏，唐清泉，陆珊珊. 政府 R&D 资助，企业 R&D 支出与自主创新：来自中国上市公司的经验证据 [J]. 金融研究，2009（6）：86 – 99.

[139] 熊家财，桂荷发. 政治关联与企业创新：来自 PSM 的证据 [J]. 科研管理，2020，41（7）：11 – 19.

[140] 徐辉，周孝华. 外部治理环境、产融结合与企业创新能力 [J]. 科研管理，2020，41（1）：98 – 107.

[141] 徐辉，周孝华. 制度环境、产融结合对企业创新绩效的影响研究 [J]. 科学学研究，2020（1）：158 – 168.

[142] 徐明，陈亮. 基于文献综述视角的专利质量理论研究 [J]. 情报杂志，2018（37）：12，28 – 35.

[143] 徐欣，唐清泉. 专利竞争优势与加速化陷阱现象的实证研究——基于中国上市公司专利与盈余关系的考察 [J]. 科研管理，2012，33（6）：83 – 91.

[144] 徐欣，夏芸，李春涛. 企业自主研发、IPO 折价与创新能力的信号效应——基于中国创业板上市公司的实证研究 [J]. 经济管理，2016（6）：71 – 85.

[145] 许志端，阮舟一龙. 营商环境、技术创新和企业绩效——基于我国省级层面的经验证据 [N]. 厦门大学学报（哲学社会科学版），2019

（5）：123 –134.

［146］闫甜，李峰．减税激励、研发操纵与研发绩效 ［J］. 经济与管理研究，2014 （2）：41 –46.

［147］杨国超，刘静，廉鹏，等．减税激励、研发操纵与研发绩效 ［J］. 经济研究，2017 （8）：112 –126.

［148］杨国超，芮萌．高新技术企业税收减免政策的激励效应与迎合效应 ［J］. 经济研究，2020 （9）：174 –191.

［149］杨记军，敖翔，吴敏．高新技术企业研发投入阈值效应 ［J］. 科研管理，2018，39 （6）：85 –95.

［150］杨明增，张钦成．高新技术企业研发投入阈值效应 ［J］. 当代财经，2019 （6）：118 –129.

［151］杨其静．企业成长：政治关联还是能力建设 ［J］. 经济研究，2011 （10）：54 –66，94.

［152］杨以文，周勤，李卫红．专利与创新：偏好、困境与陷阱 ［J］. 经济与管理研究，2017，38 （10）：71 –814.

［153］杨志强，袁梦，张雨婷．企业研发创新与债券信用利差——基于信号传递理论的分析 ［N］. 上海财经大学学报，2021，23 （1）：42 –60.

［154］杨中楷，孙玉涛．外国在华专利申请影响因素实证分析 ［J］. 科技管理研究，2008 （12）：455 –457.

［155］杨宗翰，雷良海，廖东声．研发操纵行为是否抑制上市公司高质量发展？［J］. 系统工程，2020，38 （4）：19 –32.

［156］杨宗翰，雷良海，张一纯．研发操纵、融资约束与上市公司创新效率 ［J］. 科技管理研究，2020 （8）：17 –26.

［157］叶静怡，宋芳．中国专利制度变革引致的创新效果研究 ［J］. 经济科学，2006 （6）：86 –96.

［158］易纲．新中国成立70 年金融事业取得辉煌成就 ［J］. 中国金融，2019 （19）：9 –13.

［159］余明桂，范蕊，钟慧洁．中国产业政策与企业技术创新 ［J］. 中国工业经济，2016 （12）：5 –22.

[160] 余明桂，钟慧洁，范蕊. 民营化、融资约束与企业创新——来自中国工业企业的证据 [J]. 金融研究，2019 (4)：75 - 91.

[161] 俞立平. 效率视角下创新数量、质量与速度互动机制研究 [J]. 经济与管理研究，2020，41 (11)：58 - 76.

[162] 苑泽明，高静楠，王培林. 分析师关注与研发操纵：抑制抑或促进 [J]. 财会月刊，2020 (20)：23 - 30.

[163] 苑泽明，史方，金宇. 政府创新补助的激励扭曲效应——基于我国上市公司研发操纵行为的检验 [J]. 软科学，2020，34 (2)：39 - 43，58.

[164] 苑泽明，王培林，富钰媛. 高管学术经历影响企业研发操纵了吗？[J]. 外国经济与管理，2020，42 (8)：109 - 122.

[165] 詹爱岚，翟青. 中国专利激增动因及创新力研究 [J]. 科学学研究，2013 (10)：1504 - 1511.

[166] 张冰，吴添祖. R&D 陷阱及其根源 [J]. 科技管理研究，2000 (3)：29 - 30，44.

[167] 张波涛，李延喜，栾庆伟，等. 专利研发中"加速化陷阱"现象的实证研究——以机械制造业上市公司三种专利产出为例 [J]. 科研管理，2008，29 (3)：89 - 97，104.

[168] 张峰，殷西乐，丁思琪. 市场化改革与企业创新——基于制度性交易成本的解释 [N]. 山西财经大学学报，2021，43 (4)：32 - 46.

[169] 张继红，吴玉鸣，何建坤. 专利创新与区域经济增长关联机制的空间计量经济分析 [J]. 科学学与科学技术管理，2007 (1)：83 - 89.

[170] 张杰，高德步. 金融发展与创新：来自中国的证据与解释 [J]. 产业经济研究，2017 (3)：43 - 57.

[171] 张杰，高德步，夏胤磊. 专利能否促进中国经济增长——基于中国专利资助政策视角的一个解释 [J]. 中国工业经济，2016 (1)：83 - 98.

[172] 张杰，郑文平. 创新追赶战略抑制了中国专利质量么？[J]. 经济研究，2018 (5)：28 - 41.

[173] 张杰, 郑文平, 翟福昕. 竞争如何影响创新: 中国情景的新检验 [J]. 科研管理, 2014, 35 (11): 56-68.

[174] 张劲帆, 李汉涯, 何晖. 企业上市与企业创新——基于中国企业专利申请的研究 [J]. 金融研究, 2017 (5): 160-175.

[175] 张钦红, 骆建文. 上海市专利资助政策对专利申请量的影响作用分析 [J]. 科学学研究, 2009 (5): 682-685.

[176] 张炜. 研发投入、专利产出和经济增长关系的实证研究——基于浙江省统计数据 [J]. 科学学研究, 2008 (A2): 323-326.

[177] 张晓月, 陈鹏龙, 赵魏理. 专利质量对企业绩效的作用关系研究——以创业板上市公司为例 [J]. 科技管理研究, 2017 (22): 170-176.

[178] 张岩. IPO 耗时、盈余管理方式选择与经济后果 [J]. 当代财经, 2018 (8): 111-121.

[179] 张艳伟. 创业板上市审核与保荐重点 [M]. 北京: 中国法制出版社, 2011.

[180] 赵世芳, 江旭, 应千伟, 等. 股权激励能抑制高管的急功近利倾向吗——基于创新的视角 [J]. 南开管理评论, 2020, 23 (6): 760-87.

[181] 赵彦云, 刘思明. 中国专利对经济增长方式影响的实证研究: 1988-2008 年 [J]. 数量经济技术经济研究, 2011 (4): 34-48, 81.

[182] 赵忠涛, 李长英. 专利质量如何影响了企业价值? [J]. 经济管理, 2020 (12): 59-75.

[183] 郑素丽, 卞秀坤, 诸葛凯, 等. 基于知识整合的专利组合与企业创新绩效关系研究 [J]. 情报杂志, 2019, 38 (12): 191-199.

[184] 郑莹, 贾颖颖. 企业专利与外部融资——信号情境的调节作用 [J]. 科技进步与对策, 2018 (20): 111-119.

[185] 郑玉. 知识产权保护、R&D 投入与企业绩效——基于中国制造业企业的实证 [J]. 社会科学研究, 2017 (4): 56-62.

[186] 钟田丽, 张天宇. 我国企业资本结构决策行为的"同伴效应"——来自沪深两市 A 股上市公司面板数据的实证检验 [J]. 南开管理评论, 2017, 20 (2): 58-70.

［187］周晓东，项保华. 什么是企业竞争优势？［J］. 科学学与科学技术管理，2003（6）：104 - 107.

［188］周煊，程立茹，王皓. 技术创新水平越高企业财务绩效越好吗？——基于 16 年中国制药上市公司专利申请数据的实证研究［J］. 金融研究，2012（8）：166 - 179.

［189］周亚虹，蒲余路，陈诗一，等. 政府扶持与新型产业发展——以新能源为例［J］. 经济研究，2015（6）：147 - 161.

［190］朱芳芳. 三种专利与区域经济增长的实证研究——以广东省为例［J］. 北方经贸，2017（11）：117 - 119.

［191］朱浩，李林，魏琪. "繁荣"的专利申请能否改善企业绩效——基于不同创新导向的门限实证研究［J］. 软科学，2020，34（7）：121 - 129.

［192］朱红军，王迪，李挺. 真实盈余管理动机下的研发投资决策后果——基于创新和税收的分析视角［J］. 南开管理评论，2016，19（4）：36 - 48.

［193］朱平芳，徐伟民. 政府的科技激励政策对大中型工业企业 R&D 投入及其专利产出的影响——上海市的实证研究［J］. 经济研究，2003（6）：45 - 53.

［194］朱容辉，刘树林，林军. 产学协同创新主体的发明专利质量研究［J］. 情报杂志，2020，2（39）：78 - 84.

［195］朱学忠，胡成. 专利是测度企业技术创新绩效的有效工具吗？［EB/OL］. 科学学研究，2020 - 09 - 09.

［196］Aghion P.，Akcigit U. and Howitt P.，The Schumpeterian growth paradigm［J］. The Annual Review of Economics，2015，7（1）：557 - 575.

［197］Aghion P.，Cai J. and Dewatripont M，et al.，Industrial Policy and Competition［J］. American Economic Journal：Macroeconomics，2015，7（4）：1 - 32.

［198］Agrawal A.，Engaging the inventor：exploring licensing strategies for university inventions and the role of latent knowledge［J］. Strategic Management

Journal, 2010, 27 (1): 63 – 79.

[199] Allred H. , and D. Park. Liquidity Mergers [J]. Journal of Financial Economics, 2007, 102 (3): 526 – 558.

[200] Andrea L. E. , and Adriano A. R. Managerial incentives, capitalreallocation, and the business cycle [J]. Journal of Financial Economics, 2008, 87 (1): 177 – 199.

[201] Arrow K. J. Economic welfare and the allocation of resources to invention [J]. The Rate and Direction of Inventive Activity: Economic and Social Factors: 609 – 626, Princeton University Press, 1962.

[202] Barney J. B. and Arikan A. M. The Resource – Based View: Origins and Implications [J] . Blackwell Handbook of Strategic Management, 2001: 124 – 188.

[203] Barney J. Firm Resources and Sustained Competitive Advantage [J]. Journal of Management, 1991, 17 (1): 99 – 120.

[204] Barney J. Organizational Culture: Can It Be a Source of Sustained Competitive Advantage [J] . The Academy of Management Review, 1986, 11 (3): 656 – 665.

[205] Beck T. , Levine R. and Loayza N. Finance and the sources and growth [M]. World Bank Working Paper, 1999.

[206] Belderbos G. V. Bhagwat. and P. R. Rau. What Doesn't Kill You Will Only Make You More Risk – Loving: Early – Life Disasters and CEO Behavior [J]. Journal of Finance, 2004, 72 (1): 167 – 206.

[207] Benfratello G. V. Bhagwat. and P. R. Rau, What Doesn't Kill You Will Only Make You More Risk – Loving: Early – Life Disasters and CEO Behavior [J]. Journal of Finance, 2008, 72 (1): 167 – 206.

[208] Bernstein S. , Does Going Public Affect Innovation? [J]. The Journal of Finance, 2015, 70 (4): 1365 – 1403.

[209] Blind K. , Edler J. and Frietsch R. , et al. , Motives to Patent: Empirical Evidence from Germany [J]. Research Policy, 2006, 35 (5): 655 –

672.

[210] Bloom N. and Reenen J. V. Patents, Real Options and Firm Performance [J]. Economic Journal, 2002, 112 (478): C97 – C116.

[211] Bloom N. , Schankerman M. and Reenen J. V. Identifying Technology Spillovers and Product Market Rivalry [J]. Econometrica, 2013, 81 (4): 1347 – 1393.

[212] Blundell R. , Griffith R. and Van R. Market Share, Market Value and Innovation in a Panel of British Manufacturing Firms. Review of Economic Studies, 1999, 66 (228): 529 – 554.

[213] Braun C. F. V. The Acceleration Trap [J]. Sloan Management Review, 1990, 32 (1): 49 – 58.

[214] Carlin W. and Mayer C. Finance, investment and growth [J]. Journal of Financial Economic, 2003, 69 (1): 191 – 226.

[215] Chamberlin E. H. The Theory of Monopolistic Competition [J]. Cambridge: Harvard University Press, 1933.

[216] Chemmanur T. J. , Loutskina E. , and Tian X. Corporate venture capital, value creation and innovation [J]. Review of Financial Studies, 2014, 27 (8): 2434 – 2473.

[217] Chen D. , Li O. Z. , and Xin F. Five-year plans, China finance and their consequences [J]. China Journal of Accounting Research, 2017, 10 (3): 189 – 230.

[218] Christodoulou D. , Lev B. and Ma L. The productivity of Chinese patents: The role of business area and ownership type [J]. International Journal Of-production Economics, 2018, 199 (MAY): 107 – 124.

[219] Conti A. , Thursby J. and Thursby M. Patents as signals for starup financing [J]. Journal of Industrial Economics, 2013, 61 (3): 592 – 622.

[220] Conti A. , Thursby M. and Rothaermel F. T. Show me the Right Stuff: Signals for High Tech Startups [J]. Journal of Economics & Management Strategy, 2011, 22 (2): 341 – 364.

［221］ Cozmei C. and Rusu M. , The EU tax treatment competition for knowledge based capital—the special case of R&D ［J］. Procedia Economics and Finance, 2015 (15): 817 – 825.

［222］ Czarnitzki D. and Hussinger K. The Link between R&D Subsidies, R&D Spending and Technological Performance ［M］. Social hence Electronic Publishing, 2004 (204): 4 – 56.

［223］ Dang, J. and Motohashi K. Patent statistics: A good indicator for innovation in China? Patent subsidy program impacts on patent quality ［J］. China Economic Review, 2015, 35 (2): 137 – 155.

［224］ Dewar T. and S. Dutton. Merger Activity in Industry Equilibrium ［J］. Journal of Financial Economics, 1986, 126 (1): 200 – 226.

［225］ Dinopoulos E. and Sener F. New Directions in Schumpeterian Growth Theory ［J］. Elgar Companion to Neo – Schumpeterian Economics, 2007, 45 (5): 746 – 746.

［226］ Dyreng M. D. Hirshleifer S. Richardson and S. H. Teoh. Does Investor Misvaluation Drive the Takeover Market? ［J］. Journal of Finance, 2012, 61 (2): 725 – 762.

［227］ Eberhardt M. , Helmers C. , and Yu Z. Is the Dragon Learning to Fly? An Analysis of the Chinese Patent Explosion ［M］. Discussion Papers, 2011, 36 (4): 633 – 657.

［228］ Erickson M. and Wang S. Earnings management by acquiring firms in stock for stock mergers ［J］. Journal of Accounting and Economics, 1999, 27 (2): 149 – 176.

［229］ Ernst H. Patent applications and subsequent changes of performance: evidence from time-series cross-section analyses on the firm level ［J］. Research Policy, 2001, 30 (1): 143 – 157.

［230］ Ernst H. Patent information for strategic technology management ［J］. World Patent Information, 2003, 25 (3): 233 – 242.

［231］ Fairhurst D. and Nam Y. Corporate Governance and Financial Peer

Effects [J]. Financial Management, 2020, 49 (1): 235 – 263.

[232] Faleye R. , Foster N. and Greenaway D. North – South Trade, Knowledge Spillovers and Growth [J]. Journal of Economic Integration, 2002, 17 (4): 650 – 670.

[233] Fazzari S. M. and Athey M. J. Asymmetric information, financing constrains and investment [J]. The Review of Economics and Statistics, 1987, (3): 481 – 487.

[234] Ferreira D. , Manso G. and Silva A. C. Incentives to innovate and the decision to go public or private [J]. The Review of Financial Studies, 2014, 27 (1): 256 – 300.

[235] Fink C. , Khan M. and Zhou H. Exploring the Worldwide Patent Surge [J]. Economics of Innovation and New Technology, 2016, 25 (2): 114 – 142.

[236] Fisch C. , Sandner P. and Regner L. The value of Chinese patents: An empirical investigation of citation lags [J]. China Economic Review, 2017, 45 (1): 22 – 34.

[237] Foucault T. andFresard L. Learning from peers' stock prices and corporate investment [J]. Journal of Financial Economics, 2014, 111 (3): 554 – 577.

[238] Fu R. , Kraft A. G. and Tian X. , et al. Financial reporting frequency and corporate innovation [J]. The Journal of Law and Economics, 2020, 63 (3): 501 – 530.

[239] Gao J. A. and K. W. Hankins. The Role of Risk Management in Mergers and Merger Waves. 2011, 101 (3): 515 – 532.

[240] Geneva, China Becomes Top Filer of International Patents in 2019 Amid Robust Growth for WIPO's IP Services [EB/OL]. Treaties and Finances, 2020 – 04 – 07.

[241] Griffith R. , Harrison R. E. and Simpson H. Product market reform and innovation in the EU [J]. Scandinavian Journal of Economics, 2010, 112

（2）：389 – 415.

[242] Griliches Z. , Hall B. H. and Pakes A. R&D, Patents, and Market Value Revisited: Is There a Second Factor? [J]. Economics of Innovation and New Technology, 1991, 1 (3): 183 – 201.

[243] Griliches Z. Market Value, R&D, and Patents [J]. Economics Letters, 1981, 7 (2): 1 – 187.

[244] Grindley P. C. and Teece D. J. Managing Intellectual Capital: Licensing and Cross – Licensing in Semiconductors and Electronics [J]. California Management Review, 1997, 39 (2): 8 – 41.

[245] Grossman Q. , O. Z. Li, Y. Lin and L. Wu. On the Benefits of Audit Market Consolidation: Evidence from Merged Audit Firms [J]. Accounting Review, 2004, 91 (2): 463 – 488.

[246] Guo B. , David P. C. and Annal T. S. Firms' Innovation Strategy under the Shadow of Analyst Coverage [J]. Journal of Financial Economics, 2019, 131 (2): 456 – 483.

[247] Guo R. J, Lev B. and Zhou L. N. Competitive costs of disclosure by biotech IPOs [J]. Journal of Accounting Research, 2004, 42 (2): 319 – 355.

[248] Haeussler C. , Harhoff D. and Mueller E. How Patenting Informs VC Investors——The Case of Biotechnology [J]. Research Policy, 2014, 43 (8): 1286 – 1298.

[249] Hall B. H. and Harhoff D. Recent Research on the Economics of Patents [J]. Annual Review of Economics, 2012, 4 (1): 541 – 565.

[250] Hall B. H. and Lerner J. The financing of R&D and innovation [M]. Handbook of the Economics of Innovation, 2010.

[251] Hall B. H. Exploring the Patent Explosion [J]. Technology Transfer, 2004, 30 (1 – 2): 35 – 48.

[252] Hall B. H. , Thoma G. and Torrisi S. The Market Value of Patents and R&D: Evidence from European Firms [M]. Social ence Electronic Publishing, 2010 (1): 1 – 6.

［253］ Harhoff D. and Wahlen J. M. A review of the earnings management literature and implications for standard setting ［J］. Accounting Horizons, 1999, 13 (4): 365 – 383.

［254］ Healy P. M. and Matusik S. Innovation, appropriability and the underpricing of initial public offerings ［J］. Academy of Management Journal, 2007, 50 (1): 209 – 225.

［255］ Heeley M. B. and Matusik S. Innovation, appropriability and the underpricing of initial public offerings ［J］. Academy of Management Journal, 2007, 50 (1): 209 – 225.

［256］ Henderson C., Harhoff D. and Muller E. How patenting informs VC investors: the case of Biotechnology ［J］. Research Policy, 2014, 43 (8): 1286 – 1296.

［257］ Holmstrom B. Agency costs and innovation ［J］. Journal of Economic Behavior and Organization, 1989, 12 (3): 305 – 327.

［258］ Horri R. and Iwaisako T. Economic Growth with Imperfect Protection of Intellectual Property Rights ［J］. Journal of Economics, 2007, 90 (1): 45 – 85.

［259］ Howell S. T. Financing Innovation: Evidence from R&D Grants ［J］. The American Economic Review, 2017, 107 (4): 1136 – 1164.

［260］ Hsu P. H., Tian X. and Xu Y. Financial development and innovation: Cross-country evidence ［J］. Journal of Financial Economics, 2014, 112 (1): 116 – 135.

［261］ Hu A. G. and Jefferson G. H. A great wall of patents: What is behind China's recent patent explosion? ［J］. Journal of Development Economics, 2008, 90 (1): 57 – 68.

［262］ Hu A. G. Z. Propensity to patent, competition and China's foreign patenting surge ［J］. Research Policy, 2010, 39 (7): 985 – 993.

［263］ Jalls J. T. How to measure innovation? New evidence of the technology-growth linkage ［J］. Research in Economics, 2010, 64 (2): 81 – 96.

［264］Jell F. , Henkel J. and Wallin M. W. Do Offensive Patent Portfolio Races. Long Range Planning, 2017, 50 (5): 531 – 549.

［265］Jensen M. C. and Meckling W. H. Theory of the Firm: Managerial Behavior, Agency Costs and Ownership Structure ［J］. Journal of Financial Economic Policy, 1976 (3): 305 – 360.

［266］Kim and Marschke G. Accounting for the recent surge in U. S. patenting: changes in R&D expenditures, patent yields and thehigh tech sector ［J］. Economics of Innovation and New Technology, 2004, 13 (6): 543 – 558.

［267］Kim T. , Maskus K. E. and Oh K. Y. Effects of Patents on Productivity Growth in Korean Manufacturing: a Panel Data Analysis ［J］. Pacific Economic Review, 2009, 14 (2): 137 – 154.

［268］King R. G. and Levine R. Finance, entrepreneurship and growth ［J］. Journal of Monetary Economics, 1993, 32 (3): 513 – 542.

［269］Krueger T. D. Accounting Conservatism and Managerial Risk – Taking: Corporate Acquisitions ［J］. Journal of Accounting & Economics, 1974, 57 (2 – 3): 218 – 240.

［270］Kwan Y. K. and Lai L. C. Intellectual property rights protection and endogenous economic growth ［J］. Journal of Economic Dynamics and Control, 2003, 27 (5): 853 – 873.

［271］Leary K. H. and Q. Roberts. Human Capital Relatedness and Mergers and Acquisitions ［J］. Journal of Financial Economics, 2014, 129 (1): 111 – 135.

［272］Lerner J. , Sorensen M. and Stremberg P. Private equity and long-run investment: the case of innovation ［J］. The Journal of Finance, 2011, 66 (2): 445 – 477.

［273］Lerner K. H. , D. C. Mauer and Q. Xu. Human Capital Relatedness and Mergers and Acquisitions ［J］. Journal of Financial Economics, 2007, 129 (1): 111 – 135.

［274］Leuz K. H. , D. C. Mauer and Q. Xu. Human Capital Relatedness and

Mergers and Acquisitions [J]. Journal of Financial Economics, 2003, 129 (1):
111 –135.

[275] Lev B. andSougiannis T. Penetrating the Book-to – Market Black Box:
The R&D Effect [J]. Journal of Business Finance and Accounting, 1999, 26
(3 –4): 419 –449.

[276] Lieberman M. B. and Asaba S. Why do firms imitate each other? [J].
Academy of Management Review, 2006, 31 (2): 366 –385.

[277] Liu Y. , Tan L. and Song S. S. Chinese patent explosion factors: An
empirical analysis based on system and policy [J]. Technology Management:
2013, 1058 –1069.

[278] Louis H. Earnings management and the market performance of acqui-
ring firms [J]. Journal of Financial Economics, 2004, 74 (1): 121 –148.

[279] Manso G. Motivating innovation [J]. The Journal of Finance, 2011,
66 (5): 1823 –219.

[280] Mansury M. A. and Love J. H. Innovation, productivity and growth in
US business services: a firm-level analysis [J]. Technovation, 2008, 28 (1):
52 –62.

[281] Martin S. and Scott J. The nature of innovation market failure and the
design of public support for privateinnovation [J]. Research Policy, 2000, 29
(4): 437 –447.

[282] Matray D. C. A Life Cycle Theory of the Firm [J]. Journal of Indus-
trial Economics, 2014, 20 (3): 199 –219.

[283] Miles R. E. and Snow C. C. Organizationalstrategy, structure and
process [M]. New York: McGraw – Hill, 1978.

[284] Modigliani F. and Miller M. H. The Cost of Capital, Corporation Fi-
nance and the Theory of Investment [J]. The American Economic Review, 1958,
48 (3): 261 –297.

[285] Nikzad R. Alliance management: A view from the past and a look to
the future [J]. Journal of Management Studies, 1998, 35 (6): 102 –110.

［286］Ozcelik E. and Taymaz E. R&D support programs in Developing Countries: the Turkish experience ［J］. Research Policy, 2008, 37 (2): 258 – 275.

［287］Pacheco D. F. , and Dean T. J. Firm responses to social movement pressures: A competitive dynamics perspective ［J］. Strategic Management Journal, 2015, 36 (6): 1093 – 1104.

［288］Perry S. E. and Williams T. H. Earnings management preceding management buyout offers ［J］. Journal of Accounting and Economics, 1994, 18 (2): 157 – 179.

［289］Peter M. , Schneider M. , Griesshaber T. and Hoffmann V. H. The impact of technology-push and demand-pull policies on technical change-does the locus of policies matter? ［J］. Research Policy, 2012, 41 (8): 1296 – 1308.

［290］Porter M. E. Competitive Advantage: Creating and Sustaining Superior Performance ［M］. New York: Free Press, 1985.

［291］Ray G. , Barney J. B. andMuhanna W. A. Capabilities, business processes and competitive advantage: Choosing the dependent variable in empirical tests of the resource-based view ［J］. Strategic Management Journal, 2004, 25 (1): 23 – 37.

［292］Reitzig M. Management of Intellectual Property ［J］. MIT Sloan Management Review, 2004, 45 (3): 35 – 40.

［293］Romer P. Endogenous Technological Change ［J］. The Journal of Political Economy, 1990, 98 (5): 71 – 101.

［294］Roychowdhury S. Earnings management through real activities manipulation ［J］. Journal of Accounting and Economics, 2006, 42 (3): 335 – 370.

［295］Roy D. Intellectual property strategy for competitive advantage ［J］. International Journal of Intellectual Property Management, 2013, 6 (1 – 2): 36 – 61.

［296］Schipper K. Commentary on earnings management. Accounting Horizon, 1989, 3 (12): 91 – 102.

［297］ Schumpeter J. A. The Theory of Economic Development Redvers Opie, Trans ［M］. New York: Oxford University Press, 1934.

［298］ Scott W. R. Financial AccountingTheory ［M］. Prentice – Hall Co. : 1997, 134 – 135.

［299］ Segerstrom P. S. The Long – Run Growth Effects of R&D Subsidies. Journal of Economic Growth, 2000, 5 (3): 277 – 305.

［300］ Shane S. Technological opportunities and new firm creation ［J］. Management Science, 2001, 47 (2): 205 – 220.

［301］ Shust E. Does research and development activity increase accrual – Based earnings management ［J］. Journal of Accounting Auditing & Finance, 2015, 30 (3): 373 – 401.

［302］ Song J. Intellectual Property Regimes, Innovative Capabilities, and Patenting in Korea ［J］. Journal of Finance, 2006, 69 (6): 2651 – 2688.

［303］ Straus J. Is There a Global Warming of Patents? ［J］. The Journal of World Intellectual Property, 2008, 11 (1): 58 – 62.

［304］ Teoh S. H. , Wong T. J. and Rao G. R. Are accruals during initial publicofferrings opportunistic? ［J］. Review of Accounting Studies, 1998, 3 (1): 175 – 208.

［305］ Tian X. and Wang T. Y. Tolerance for failure and corporate innovation ［J］. Review of Financial Studies, 2014, 27 (1): 211 – 255.

［306］ Torrisi S. , Gambardella A. and Giuri P. , et al. , Used Blocking and Sleeping Patents: Empirical Evidence from a Large – Scale Inventor Survey ［J］. Research Policy, 2016, 45 (7): 1374 – 1385.

［307］ Verhoeven D. , Jurriën B. and Veugelers R. Measuring technological novelty with patent-based indicators ［J］. Research Policy, 2016, 45 (3): 707 – 723.

［308］ Wies S. and Moorman C. Going Public: How Stock Market Listing Changes Firm Innovation Behavior ［J］. Journal of Marketing Research, 2015, 52 (5): 694 – 709.

[309] Wu C. Y. , Hu M. C. and Mathews J. A. Technology: Internal factors drive Chinese patent surge [J]. Natrue, 2014, 509 (7501): 427 – 427.

[310] Wurgler J. Financial market and the allocation of capital [J]. Journal of Financial Economics, 2000, 58 (1): 187 – 214.

[311] Xiao S. and Zhao S. Financial development, government ownership of banks and firm innovation [J]. Journal of International Money and Finance, 2012, 31 (4): 880 – 906.

[312] Yang L. and Maskus K. E. Intellectual property rights, technology transfer and exports in developing countries [J]. Journal of Development Economics, 2009, 90 (2): 231 – 236.

[313] Yan Z. M. , Zhu J. C. and Fan D. , et al. An institutional work view toward the internationalization of emerging market firms [J]. Journal of World Business, 2018, 53 (5): 62 – 80.

[314] Zhou Mingshan, Qianqian Z. , Chan K. C. and Hung-Gay F. The impact of pre – IPO performance pressure on research and development investments of an IPO firm: evidence from China [J]. Economic Modelling, 2019, 78 (C): 40 – 46.

[315] Zucker L. G. and Darby M. R. Virtuous circles in science and commerce [D]. Paper in Regional Science, 2007 (3): 445 – 470.